मेरे गुमनाम गीत

जितेश "जीवंत"

KAVYA
PUBLICATIONS
MAKING AUTHOR A BRAND

Publisher:

SDR INNOWAYS INDIA PVT. LTD.
667, Rajaward, Kulpahar, Mahoba - 210426

Imprint:
KAVYA PUBLICATIONS
Plot No.107C, Hanuman Khand, Gulabvatika, Behta Hazipur, Loni-UP (Near Dilshad Garden Delhi) NCR -201102

Mob. : 7905266820
Website : www.kavyapublications.com
E-Mail : info@kavyapublications.com

ISBN : 978-93-6431-443-5

Year : 2025

This book is printed at MTL and published by author Ajay Agrawal, CEO of SDR Innoways India Pvt. Ltd. Kulpahar Mahoba with its imprint and centre, Kavya Publications Delhi.

1.

कदमों में जमीन बाकी है सिर पे आसमान बाकी है।
मेरे घर में अभी भी कुछ जरा सा सामान बाकी है।
वक्त की बाजी में मैं रोज हारता रहा कुछ न कुछ।
मगर आज भी सीने में मेरे,मेरा ईमान बाकी है।
ऐ खुदा ये क्या हो गया है तेरे बंदो को इस दौर में।
लोगों की इस भीड़ में क्या कोई इंसान बाकी है।

2.

बनके लबों पर हंसी आ जाओ।
संवर जाये ये जिंदगी आ जाओ।
यूं तो बाकी कोई कमी न रही।
बस तुम्हारी है कमी आ जाओ।

3.

जग जीतो या दौलत दुनिया की बस हर क्षण ये भान रहे।
हर हर गंगा हाथों में तिरंगा सबसे आगे हिंदुस्तान रहे।

4.

बलिदानी मिट्टी अपनी सबके माथे का चंदन हो जाये।
सींच लहू से अमर हुये जो उनका अभिनंदन हो जाये।

5.

आगाज न सही मगर ये जान ले जमाना।

अंजाम मेरे सफर का कुछ तो खास होगा।

आज तुम्हारी कहानियां भी अनसुनी थी मगर।

कल हर जुबां पर हमारा ही इतिहास होगा।

6.

वक्त पूछता है हर वक्त ये सवाल बनकर।

क्यों जल रहे हो अंधेरों में मशाल बनकर।

'जीवंत' हर मुसाफिर की जिम्मेदारी है हमारी।

हम तो खड़े हैं राहों में एक मिसाल बनकर।

7.

यूं ही हर रोज सुबह से शाम होती रही।

यूं ही बेजार ये उम्र तमाम होती रही।

जिंदगी भर ख्वाहिश कि जिंदगी तेरे नाम लिखते।

बस इसी ख्वाहिश में जिंदगी बदनाम होती रही।

8.

झुक गई नजरें ही उसकी कल महफिल में जो नजारा था।

मुखातिब तो था हर कोई उन्हीं से मगर जिक्र हमारा था।

9.

जाने ख्वाहिशें ही अधूरी थी या कोई शिकवा-गिला था।
दरमियां अपने मुलाकातों का एक अजीब सिलसिला था।
वो कौन सी बंदिशे थी कि गले भी न मिले सके कभी।
यूं हम मिले तो हर मोड़ पर मगर एक फासला था।

10.

इतिहास बहादुरों के लिखे जाते हैं, बुजदिलों के नहीं।
चर्चे जमाने में हौसलों के होते हैं, मुश्किलों के नहीं।
भीड़ में तो गुमनामी मिलती है अक्सर, पहचान नहीं।
'जीवंत' पत्थर मील के गिने जाते हैं, मंजिलों के नहीं।

11.

मैं जिंदगी को पुकार कर आया हूं।
मैं हर पल मौत को मार कर आया हूं।
तुम्हें लगता है ये जंग जीत ली है मैंने।
मैं अपना बहुत कुछ हार कर आया हूं।

12.

मुमकिन को भी कितना मुश्किल लिख रहे हैं।
ये कैसे लोग मुल्क का मस्तकबिल लिख रहे हैं।

13.

सबक - ऐ - मुकम्मल मिला है हर बार हमें जिंदगी के तजुर्बे से।

तकदीर का लिखा झूठ और किताबों का सच नहीं होता।

14.

उम्मीदें बाकी है जरा हौसला बाकी है।

अभी मुश्किलों का सिलसिला बाकी है।

अगर हो सके तो यूं ही साथ चलते रहो।

अभी मंजिलों से मेरी फासला बाकी है।

15.

तूफानों का दौर है न ये इंतहानों का दौर है।

बूढ़ी सियासत से कहदो नौजवानों का दौर है।

बन बैठे हैं खुदा जो हमें बांटकर मजहबों में।

आओ अब कह दे उनसे ये इंसानों का दौर है।

16.

जो मुनासिब न हो वो फरमाइश न कर।

जो मुमकिन न हो वो ख्वाहिश न कर।

चाहतों में लोग हद से गुजरना छोड़ दे।

तू चाहतों में ऐसी भी आजमाइश न कर।

17.

कभी मुकम्मल ही न हुई जो मेरी हर ख्वाहिश इस कदर थी।

हमें इश्क से गुरेज नहीं मगर उसकी आजमाइश इस कदर थी।

18.

हम हकीकत को भी कैसे फसाना लिखते।

जो तन्हाइयों में फिर वो दर्द पुराना लिखते।

जब भी मिला वो मिला गैर की महफ़िल में।

क्या लिखते उसे अपना या बेगाना लिखते।

19.

शोख हर अदाओं में उसकी संजीदगिया बहुत हैं।

वफाओं पे शक नहीं मगर पेचीदगियां बहुत हैं।

जाने शरारत है उसकी या फिर तकाजा वक्त का।

मुझसे दूर नहीं मगर गैरों से नजदीकियां बहुत हैं।

20.

ये पैसा बोलने लगा जब से, चलन जमाने का कुछ यूं जुदा हो गया।

अब कहां सर झुकायें और किसे कहें खुदा, जब बंदा ही खुदा हो गया।

21.

उम्मीदों के उजाले हुये भी न थे के ओढ़कर अंधेरों की चादर रात आ गई।

अभी तो हमने बस दीवार ही उठाई थी छत पड़ने से पहले बरसात आ गई।

22.

कभी बात आये तो बस इतना करना
सही गलत का सही फैसला करना
पढ़ा था कभी जो इल्म की किताबों से
जो मुनासिब हो बस वही कहा करना

23.

तमाशबीन खड़े थे जो कभी बच्चियां जलाकर।
वही इंसाफ मांगने चले हैं मोमबत्तियां जलाकर।

24.

जाने वाला तो चला गया तोड़कर रिश्ते-नाते सारे मगर फिर भी।
लगाकर यादों को सीने से आंखों में अश्कों का संवरना जारी रहा।
बांधकर बातों की गठरी सारी हम बैठे रहे मुद्दतों उसी मोड़ पर।
बस कभी वक्त का तो कभी उम्र का यूं ही गुजरना जारी रहा।

25.

परिंदों का वाजिब हक है दरख्तों पर बसेरा होकर रहेगा।
अंधेरे न रोक पाएंगे उगते सूरज को सवेरा होकर रहेगा।
ये हालात ये मुश्किलें और फिर ये बेरुखी सारे जमाने की।
कबतक रोकेंगे रास्ते तेरे, जो तेरा है वो तेरा होकर रहेगा।

26.

हमको हर पथ की शपथ निभानी पड़ती है।
कभी-कभी यूं ही ठोकर खानी पड़ती है।
चुभती अपनों की बातें जब अपने दिल को।
पर रिश्तों में वो हर बात भुलानी पड़ती है।

27.

बिक जाये चंद सिक्कों में नियत नहीं इतनी सस्ती हमारी।
और ये भी मुमकिन नहीं के जमाना यूं मिटा दे हस्ती हमारी।
इस जमाने में न हो कोई ठौर-ठिकाना हमारा न सही, मगर।
अपने चाहने वालों के दिल में बसती है एक बस्ती हमारी।

28.

आदत है हमें बुरे हालातो में निखर जाने की।
आखिर मैं खुशबू हूं बिखरना मेरा काम है।

29.

छुड़ा कर दामन तुम कहां तक जाओगे।
चाहे इस जमीं से आसमां तक जाओगे।
तुम रहोगे महफूज मेरी वफाओं के साये में।
अब इस जहां में तुम जहां तक जाओगे।

30.

शीशे की शराफत भला कब तलक रहती सलामत।

पत्थरों के शहर में लोग रचते हैं साजिशें कितनी।

वक्त की बिनाह पर करते हैं जो रिश्तों के फैसले।

भूल जाते हैं वक्त पर भी है वक्त की बंदिशें कितनी।

शिकवे भुलाकर मिलते लोग तो सजती थी महफिलें।

लोग तो वही हैं मगर वीरान है मजलिशें कितनी।

31.

डूब गये जाने कितने यहाँ जो किनारा न समझे।

वक्त से कहां बच पाये जो वक्त का इशारा न समझे।

32.

खोने मत देना उम्मीदें हालातों के भवर में उलझ कर अगर खोती भी हैं।

माना वक्त के समंदर में तूफां बहुत हैं मगर ये भी सच है कि मोती भी हैं।

33.

अपनी मंजिल के मुसाफिर कभी रहबर नहीं देखते।

सब के दिलों में रहते हैं जो वो कोई घर नहीं देखते।

34.

धन्य वो हम पर कितना उपकार कर गये।

स्वर्ग से गंगा को धरती पर उतार कर गये।

लूटते हो तुम गुलशने - वतन को इस कदर।

वो क्या सोचते होंगे जो इसे संवार कर गये।

35.

मेरी वफाएं हैं रास्तों के दरमियां इस कदर ।
के मंजिलें खुद मेरा पता पूछ कर आएंगी ।

36.

जो तुमको पा लिया है अब कुछ और पाने की जगह न रही।
जबसे समाये दिल में तुम हो अब गमों की कोई वजह न रही।

37.

मिटाने को रेत के घरौंदे बस एक लहर चाहिये।
ये जहर सी जिंदगी जीने को भी जहर चाहिये।
बेतहाशा भागती-दौड़ती मगर खामोश हर बात पर।
है मुर्दों का शहर ये तो जीने को इक शहर चाहिये।

38.

सोचता हूं यूं रख लू तुम्हें संभाल कर।
तुम्हारी ही तस्वीर से तुम्हें निकालकर।
सपने सुहाने है मगर कहीं टूट न जाये।
तड़प उठता है दिल बस ये खयाल कर।

39.

यूं तो ये दिन दो-चार नहीं मिलती।
जिंदगी तो कभी उधार नहीं मिलती।
बस जी लो जैसी भी है ये जिंदगी है।
जीने को जिंदगी हर बार नहीं मिलती।

40.

हो सके तो तू बस जरा कर ले।
पहले खुद से मशवरा कर ले।

41.

चंद लम्हों की दूरियां है दरमियां मगर।
कौन कहता है हो गये हैं रुखसत हम।
सीने में धड़कता है ये दिल तेरी खातिर।
और धड़कनों में है तेरे दस्तखत हरदम।

42.

हर घड़ी हर पल यादों का मंजर रहता है।
मेरी निगाहों में बस तू ही अक्सर रहता है।
सच तो है के सफर तन्हा भी कटता, मगर।
साथ कोई हमसफ़र हो तो बेहतर रहता है।
अब कुछ भी न पूछो हमसे कैसा लगता है।

43.

तुम अच्छी लगती हो तो अच्छा लगता है।

देखो भीड़ है दुनिया की इन राहों में कितनी।

फिर भी इक तुम बिन सूना ये रस्ता लगता है।

कितने झूठे हैं सब रिश्ते नाते प्यार वफ़ा जैसे।

बस तुम होते हो तो सच कोई सपना लगता है।

44.

जाने क्यों हमसे इतना कह कर।

वो चला गया अलविदा कहकर।

45.

सबकी जमीं है ये सबका आसमान है।

एक ही है रब जो सबका निगहबान है।

चंद दस्तूर है जुदा बस मजहबों के यहां।

जाने फिर क्यों इंसा, इंसा से परेशान है।

बांधकर कफन करे हिफाजत वतन की।

सरफरोश है वो नाकि हिंदू -मुसलमान है।

सियासत ने बांट दिया मुल्क मजहबों में।

वरना सीने में धड़कता यही हिंदुस्तान है।

46.

जाने सब कितना कहते हैं।

हम तो बस इतना कहते हैं।

उत्तर है उनके सारे प्रश्नों का।

सुने गौर से जितना कहते हैं।

छोड़ के डर दुनियावालों का।

आज उन्हें हम अपना कहते हैं।

47.

एक बात समझ न आई हमें जो बस इतनी थी।

क्यों जिंदगी में हर तरफ कशमकश इतनी थी।

क्यों आज दागदार हो गया इसका दामन इतना।

'जीवंत' जिंदगी जो बचपन में मुकद्दस इतनी थी।

48.

यदि मौन स्वयं है सहमती सदैव तो।

मौन से मौन का विवाद कब तलक।

जो समझ कर भी न समझे हर बात।

उस नासमझ से संवाद कब तलक।

49.

अंधेरों को सावधान कर दो।

तुम आज यह ऐलान कर दो।

ये चिराग उजाला करके रहेगा।

अब हवा तेज या तूफान कर दो।

50.

मयखाने में आज भी है पैमाने भरे।

मगर अब वहां कोई साकी न रहा।

आई तब्दीलियां इस कदर शहर में।

अब तो मुझमें ही मैं बाकी न रहा।

51.

हाथ पकड़कर तुम चंद कदम तो चलो।

यहां हर मोड पर जुदा रास्ते हो जाते हैं।

सब मुनासिब हो जाये ये मुनासिब तो नहीं।

यूं भी जिंदगी में अक्सर हादसे हो जाते हैं।

52.

कभी-कभी चुप रहना भी कितना बेहतर होता है।

रिश्तो में खामोशी भी कुछ प्रश्नों का उत्तर होता है।

53.

नित्य लिखा शौर्य शमशीर से जिसने।

और राष्ट्र-शत्रु का सर्वनाश लिखा है।

युगों- युगों से रक्त बहाकर सीने का अपने।

क्षत्रियों ने खुद अपना इतिहास लिखा है।

54.

जो सच था कल तलक वही तो सच आज भी है।

मैं यहां किसी और सच का तो दावा नहीं करता।

अब अगर झूठा है तेरा सच तो कसूर मेरा क्या है।

मैं तो सच को सच कहता हूं दिखावा नहीं करता।

55.

पढ़ें हमने न जाने कितने सवाल।

जाने कितने जवाबों में उलझा रहा।

जरूरी सबक सारे जिंदगी ने सिखाये।

मैं फिजूल ही किताबों में उलझा रहा।

56.

तुम पुरानी वो सारी आदत छोड़ दो।

बचपन गया अब शरारत छोड़ दो।

अब तो चालाकियों का चलन आ गया।

यहां जीना है तो शराफत छोड़ दो।

57.

सिद्धत से निभाया हमने मगर अधूरा हर किरदार रह गया।

जाने कितना चुकाया कर्ज न जाने कितना उधार रह गया।

58.

न टूटा हुआ हूं और न हारा हुआ हूं।

न ही मैं कोई वक्त गुजारा हुआ हूं।

एक दिन फलक पर चमकूंगा जरूर।

सितारा हूं बस जमीं पर उतारा हुआ हूं।

मैं वो शय नहीं जो यूं बाजारों में बिकती।

ये चाहतों की बात थी, तुम्हारा हुआ हूं।

59

न जाने कब से वहीं खड़ा हूं मैं।

टूटे कई ख्वाबों का निशा हूं मैं।

अब मेरी जरूरत कहां किसी को।

घर के पुराने बर्तन सा पड़ा हूं मैं।

60.

वीरान था कब से मगर,तेरी आहट पर।

आबाद मेरे दिल का ये नगर हो गया।

ईट-पत्थर जोड़कर बनाया था एक मकां।

जो आज तुम आये हो तो ये घर हो गया।

61.

अगर हो मुनासिब चंद कदम साथ मेरा दे दे।
मैं ताउम्र नहीं मांगता दो चार पल जरा दे दे।
तेरे जानिब होकर भी क्यों है तुझसे फासला।
बहुत परेशान हूं मैं तू ही कोई मशवरा दे दे।

62.

आने दो दरिया में ये तूफान न रोको।
खिलने दो फूलों की पहचान न रोको।
मजहब से वाकिफ न सरहद से तेरी।
तुम मासूम परिंदों की उड़ान न रोको।
उम्र सिखा देगी खुद ही संजीदा रहना।
यूं बच्चों के चेहरों से मुस्कान न रोको।

63.

जो बैठा दूर कहता है दरिया दरिया नहीं है।
बहुत नादान है वो अभी इसमें उतरा नहीं है।
जरा सुई की चुभन से भी है नावाकिफ जो।
वही हमसे कहते हैं तेरा जख्म गहरा नहीं है।

64.

तू अभी रख दे खंजर हाथों से।

अभी वक्त का यही तकाजा है।

अभी और जख्मों की गुंजाइश नहीं।

अभी वही पुराना जख्म ही ताजा है।

65.

रोशनी में अंधेरा अंधेरे में रोशनी नहीं मिलती।

सुना है जहां हो सेहरा वहां नदी नहीं मिलती।

अगर सुकूं चाहिये तो सुकूं बांटना भी पड़ेगा।

दर्द बांटने वालों को कभी खुशी नहीं मिलती।

66.

कैसे सच हो जाऊं यूं ही मैं कोई ख्वाब नहीं हूं।

कागज का टुकड़ा हूं बस पूरी किताब नहीं हूं।

मुझसे मिलके तुम्हें सुकूं मिले तो और बात है।

जो सबके गम भुला दे मैं कोई शराब नहीं हूं।

ये तो चलन है जमाने में काम लेकर भुला दे।

गुजरा वक्त हूं मैं कोई बाकी हिसाब नहीं हूं।

67.

हम मिलें ऐसे मिले कि सुहाना मौसम हो जाएं।

जब भी देखे तुझे प्यासी ये आंखें नम हो जाएं।

मेरी पहचान मेरा वजूद अब कुछ न हो तेरे बगैर।

मैं,मैं न रहूं तू,तू न रहे चलो मिलके हम हो जाएं।

68.

यूं तो खुश रहने का सामान बहुत है।

फिर भी हर शख्स परेशान बहुत है।

69.

चाहते हो कि इक तुम्हारी मर्जी पर सारी दुनिया ठहर जाये।

मुमकिन नहीं कि प्यास तुम्हारी हो और दरिया ठहर जाये।

70

यहीं मिट्टी की ये काया छूट जायेगी।

एक दिन सारी माया छूट जायेगी।

साथ जायेगा वही जो औरों को दिया।

ये धन-दौलत जो कमाया छूट जायेगी।

जतन से संभाल कर रखो बड़े-बूढ़ों को।

एक दिन दरख़्तों की ये छाया छूट जायेगी।

71.

बड़ी दूर चले आये हम फिर भी ये दूरी रह गई।

दरमियां न जाने कितनी बातें अधूरी रह गई।

काश, हम साथ होते जिंदगी के हर सफर में।

मर्जी तो थी ये दोनों की मगर मजबूरी रह गई।

72.

रिश्तों का तो होता है कुछ वजूद अपना।

अपनों की कहीं आजमाइश नहीं होती।

अपने तो बस अपनाकर जिये जाते हैं।

अपनेपन की कभी नुमाइश नहीं होती।

मिलो शिद्दत से वरना दूरी ही मुनासिब।

यूं अगर मिलने की ख्वाहिश नहीं होती।

73.

जमीं से कम देते तो क्या देते,आसमां से कम देते तो क्या देते।

इम्तहां है दिये का, परखने को तूफां से कम देते तो क्या देते।

आज दोस्ती के वास्ते उसने कुछ मांगा है हमसे पहली बार।

अब तुम्ही बताओ के हम अगर, जां से कम देते तो क्या देते।

74.

बड़े जतन से जोड़ी थी हर ईंट रिश्तों की।

फिर भी कहीं कोई कमीं हर बार रह गई।

न तो रिश्ते हुये मुकम्मल कभी न घर मेरा।

दरमियां दीवार रह गई, कहीं दरार रह गई।

75.

अब कौन करे पैरवी इतनी।

सबके हैं अंदाजे जुदा अपने।

सबकी है यहां बंदगी अपनी।

और सबके यहां खुदा अपने।

76.

उधड़ते रिश्तों में अब मोहब्बत की तुरपाई नहीं बची।

पढ़कर जो लौट आये खतों में वो रोशनाई नहीं बची।

मर्ज बनके जहर अब नस्ल की रगों में दौड़ने लगा है।

हकीम ने भी छोड़ दी आस अब कोई दवाई नहीं बची।

77.

पहले हमने चुप रह कर देखा है।

फिर तो सबसे कह कर देखा है।

पीर पराई कब समझी दुनिया ने।

आंसू थे आंखों से बह कर देखा है।

जख्म वही गहरे जो अपनों से मिले।

गैरों से जाने कितने सह कर देखा है।

78.

जाने उसने फुर्सत में लिखा था।

या बस यूं ही खत में लिखा था।

बात जरा सी थी मगर संजीदा थी।

अगर उसने मोहब्बत में लिखा था।

79.

वो आज फिर करम कर गया।

हम पर नया सितम कर गया।

हमने मांगी थी वाजिब सजा।

न जाने क्यों वो रहम कर गया।

80.

न जाने हम किस गुमान में रहते हैं

भूल जाते हैं किराये के मकान में रहते हैं

81.

एक जमाने में देखा था।

वक्त पुराने में देखा था।

जान तक दे देते थे लोग।

जबान बचाने में देखा था।

82.

जो मुकद्दर को मुनासिब था वो मुकम्मल मिला।
जो न मिला उसकी बस इतनी गुंजाइश रह गई।
दोष अब खुद को दें या फिर मुकद्दर को अपने।
यूं वो ख्वाहिश रह गई जरा आजमाइश रह गई।

83.

अपने भाग्य भरोसे इस तट मत बैठो तुम।
केवट बन खुद अपनी नौका पार लगाओ।
शेष समर है भीषण आगे न जाने कितना।
तुम साहस की शमशीरों को धार लगाओ।

84.

वक्त के सफर में कुछ भी ठहरता नहीं जरा देर तक।
किसी मोड़ पर रिश्ते भी बदल जाते हैं और रास्ते भी।

85.

संघर्ष सतत संघर्ष है सत्य, संघर्षों का प्रतिवाद नहीं।
होकर मौन बस करना सहन, व्यर्थ कोई संवाद नहीं।
स्वभाव अपना प्रभाव अपना, अपने हैं अनुभव यहां।
अपनी है परिभाषा सबकी जीवन कोई अनुवाद नहीं।

86.

जो न अगर साजिश ये सियासत करती।

आंधियां खुद दिये की हिफाजत करती।

ये यक़ी होता खुश रहेगी बेटी पराये घर।

मां हंसकर अपनी बेटियां रुखसत करती।

87.

आज फिर मासूम तमाम उम्मीदें मायूस होंगी।

आज फिर जीत होगी उन अंधेरों की शायद।

आज फिर वही होगा इस रोशनी का फैसला।

आज फिर दिये का मुकद्दर लिखेंगी आंधियां।

88.

तेरे दर्द से मिला वो सुकून के अब।

किसी दवा की हमें दरकार न रही।

89.

तू जो मुस्कुराता है यूं तेरी अमीरी का गुनाह कर।

सहती है मेरी मुफलिसी तेरा मजाक कराह कर।

सुना है फूल से खुशबू निकाली जा नहीं सकती।

तू बदल नहीं सकता अपनी ये आदत चाह कर।

90.

जरा अदब से मांग ऐ जिंदगी तुझे मुआफिक सौगात मिलेगी।

मगर यूं भी न ले मेरा इंतहान तेरी हर दांव पर मात मिलेगी।

91.

अब तो हर आहट पर डर लगने लगा है।

मुझे तो ये हादसों का शहर लगने लगा है।

यहां सांस भी लेता हूं तो जैसे दम घुटता है।

घुला सा हवाओं में ही जहर लगने लगा है।

वादियां उजाड़ कर बसाई गई है बस्तियां।

शायद यही कुदरत का कहर लगने लगा है।

92.

क्या जाने आकर वो कल लिख गया।

जाने कितने खूबसूरत पल लिख गया।

यूं भीड़ में इक निगाह देखा ही तो था।

चेहरे पर जैसे कोई ग़ज़ल लिख गया।

93.

जिंदगी के खेल में इरादों से अक्सर नतीजे बदल जाते हैं।

यहां हारा हुआ तो जीत जाता है मगर हार माना हुआ नहीं।

94.

यूं भी रिश्तों को न मारिये डुबोकर नफरतों के जहर में।

कहीं ऐसा न हो हम तन्हा ही रह जाये जिंदगी के शहर में।

95.

बड़ी दूर तेरी नजरों के नजारों पर चलकर आये हैं।

बस तेरी ख्वाहिश तेरे इशारों पर चलकर आये हैं।

हक है तुम्हें जो चाहे इल्जाम दो वफाओं को मगर।

कहते पांव के छाले हम शरारों पर चलकर आये हैं।

96.

जिंदगी में कोई ख्वाहिश बनी रह जाना जिंदगी है।

कभी मुस्कुराती आंखों में नमीं रह जाना जिंदगी है।

मंजिल का सफर है मगर हर सफर की मंजिल नहीं।

लोग कहते हैं जिंदगी में कमीं रह जाना जिंदगी है।

97.

गांव छोड़कर लोग शहर जा बसे।

और अपने अपनों से जुदा हो गये।

दौलत ने मशहूर किया इस कदर।

इंसां कोई न रहा सब खुदा हो गये।

98.

सामने अंधेरा हो भी तो, देर तक अंधेरा नहीं होता।

कौन कहता है कि लम्बी रातों का सबेरा नहीं होता।

99.

तुम हमसे यूं भी न किया करो बात आंधियों की।

एक दिया ही परख लेता है बिसात आंधियों की।

बड़े शौक से लेने दो वक्त को इम्तिहां हर कदम।

लंबी है भी तो गुजर जायेगी ये रात आंधियों की।

100.

अब जाने कहां इस सफर का ठहराव आयेगा।

कब कोई आवाज देगा कब मेरा गांव आयेगा।

101.

कितने दरिया मिलेंगे और समंदर मिलेंगे।

इन राहों पर बिखरे तमाम पत्थर मिलेंगे।

प्रेम में मीरा भी अगर मोहन को चाहेगी।

उसे भी दुनिया से पीने को जहर मिलेंगे।

102.

एक दरिया हैं समंदर हैं।

कितना हसीं ये मंजर हैं।

ये मुसाफिर का ठिकाना।

तेरी दो आंखें मेरा घर हैं।

103.

इरादों से फिरा उंगली पत्थर पे लकीर बना दे।

मेहनत से चाहे इंसान तो खुद तकदीर बना दे।

वो जो मुह फेर कर चला गया, तू जाने दे बस।

कुछ यूं याद कर उसे,अश्कों से तस्वीर बना दे।

104.

कोई मंजिलें मुश्किल ही सही पर।

इन मंजिलों के अपने रास्ते होते हैं।

जो हमसे न निभें तो ये और बात है।

मगर रिश्ते बस हमारे वास्ते होते हैं।

105.

वक्त का क्या, वक्त बदल भी जाये तो हम संभल जाते हैं।

मुश्किलें तो तब होती है जब वक्त पर अपने बदल जाते हैं।

106.

बस सांस लेने से क्या फायदा।

कौन जाने कौन कितना जिया।

ये जिंदगी किसी के काम आई।

कुछ पल किसी के नाम किया।

107.

अब तलक कुछ यूं कटती रही जिंदगी।

बढ़ती उम्र सी रोज घटती रही जिंदगी।

जो तेरे लहजे से मुझे गुरेज इस कदर है।

भला तू मुझसे क्यों लिपटती रही जिंदगी।

सोचा एक दिन उतार देंगे हर कर्ज तेरा।

रोज तेरे ब्याज में सिमटती रही जिंदगी।

108.

सोचता हूं तुझसे भी कर लूं हिसाब पूरा।

ऐ जिंदगी तू अब बाकी मेरी रकम दे दे।

फिर जरा बैठके सोचेंगें हम इतमिनान से।

पहले तू मेरे हिस्से के बचे सारे जख्म दे दे।

खैरात की खुशियों में जिएं जरूरी तो नहीं।

हमने जीना सीख लिया कुछ और गम दे दे।

109.

जमाने में तन्हा होना कोई गुनाह तो नहीं।

टूटे तिनके का भी अपना वजूद होता है।

मुश्किलें अक्सर गढ़ती है किरदार हमारा।

सच है मजबूर इंसान और मजबूत होता है।

110.

वो मेरे ऐहसास की निशानी न समझा।

कोई मेरे किरदार की कहानी न समझा।

यूं मेरे चेहरे की हंसी तो याद है सभी को।

मगर कोई मेरी आंख का पानी न समझा।

111.

कुछ अजीब तो लगा होगा तुम्हें शायद।

पर हम ऐसे हरगिज न थे जैसे आज थे।

जो याद है वो शायद कुछ हुआ था कल।

हम यूं किसी बात पर किसी से नाराज थे।

112.

न सावन आयेगा, न वो बरसात आयेगी।

अब लौट कर कहां फिर वो बात आयेगी।

तमाम वादे करके भी हम जो तब न मिले।

अब मिले भी तो कहां वो मुलाकात आयेगी।

113.

हमने चलने की हिम्मत छोड़ी है न ही हौसला।

ऐ मंजिल तू खुद कदमों में आयेगी एक दिन।

114.

मुल्क का मुस्तकबिल कैसे-कैसों ने तय कर रखे हैं।

अब तो सारे रिश्ते-नाते बस पैसों ने तय कर रखे हैं।

मुनाफा देख कर तो मुफीद बातें सियासत करती है।

इंसानियत क्या चीज है हम जैसों ने तय कर रखे हैं।

115.

जिंदगी में चलते रहना अच्छा है।

मौसम का बदलते रहना अच्छा है।

रास्तों पर फिसलना कोई बात नहीं।

बस गिरकर संभलते रहना अच्छा है।

116.

उम्मीदें बाकी है जरा हौसला बाकी है।

अभी मुश्किलों का सिलसिला बाकी है।

अगर हो सके तो यूं ही साथ चलते रहो।

अभी मंजिलों से मेरी फासला बाकी है।

117.

तूफानों का दौर है न ये इंतहानों का दौर है।

बूढ़ी सियासत से कहदो नौजवानों का दौर है।

बन बैठे हैं खुदा जो हमें बांटकर मजहबबों में।

आओ अब कह दे उनसे ये इंसानों का दौर है।

118.

जहां तो और भी है जहां सितारों से आगे।

नजारे और भी हंसी है इन नजरों से आगे।

अब तो जो भी हो अंजाम बीच समंदर में।

हम ले चले हैं ये कश्ती किनारों से आगे।

119.

राहें जिंदगी में अधूरी कितनी कोशिशें रह जाती हैं।

हर सुबह ख्वाब तो हर शाम ख्वाहिशें ढह जाती हैं।

हम हसरतों की रेत पर बना लेते हैं तस्वीरें तमाम।

वक्त की एक जरा लहर में लकीरें तक बह जाती हैं।

120.

आदमी में यूं बेहूदगी अच्छी नहीं होती।

जैसे पास कभी गंदगी अच्छी नहीं होती।

जब भी मिलो तो सलीके से मिला करो।

ये लानत भरी जिंदगी अच्छी नहीं होती।

121.

तमाम उम्र हमें इन पहेलियों का हल न मिला।

यहां सदियां तो मिली मगर एक पल न मिला।

उनसे मिलके भी तमाम हसरतें जो अधूरी रही।

लोग तो बहुत मिले पर कोई मुकम्मल न मिला।

122.

दरिया, दरिया न रहा समंदर, समंदर न रहा।

वक्त ने देवता बना दिया उसे वो पत्थर न रहा।

किसी की निगाहों का होता है असर कितना।

आबाद हो गया ये दिल अब खंडहर न रहा।

123.

वो सीने पर यूं कोई पत्थर लिये रहा।

खामोशियों का एक मंजर लिये रहा।

सबने तो बस देखी थी उसकी हंसी।

वही जो आंखों में समंदर लिये रहा।

124.

तमाम उम्र कहीं आंखों में नमी रह जाती है।

जब जिंदगी में प्यार की कमी रह जाती है।

लाख उठा ले कोई सर पे आसमां अपने।

मगर फिर भी पैरों तले जमीं रह जाती है।

125.

क्या इस जीवन का सार कहें।

या तुमको ही सारा संसार कहें।

प्रेम की खातिर आये दुनिया में।

हम कहो तुम्हें ही वो प्यार कहें।

126.

कितना कुछ तो संभालना है इस जरा सी जिंदगानी में।

न जाने कितने मोड़ बाकी हैं एक छोटी सी कहानी में।

जो कई ख्वाब बेताब बैठे थे बस हकीकत में रंगने को।

फिर हुआ कुछ ऐसा के सारे बह गये आंखों के पानी में।

127.

कितने हैरान है वो लोग हमें देखकर महफिलों के दौर में।

वही जिसने मुड़कर नहीं देखा कभी मुश्किलों के दौर में।

तुम कभी फुर्सत से बैठकर पूछना मेरे पांव के छालों से।

वही सारा किस्सा सुनाएंगे तुम्हें यहां मंजिलों के दौर में।

128.

उजड़े ख्वाबों की वीरानी देख।

जरा इन आंखों की नादानी देख।

यूं तुझे देख कर खुशी क्या मिली।

तू मेरी आंखों में ये पानी देख।

129.

देखता क्यों नहीं जो हे ईश्वर तू है।
इन्हें रोकता क्यों नहीं, अगर तू है।
ये रोज लड़ते हैं मंदिर-मस्जिद पर।
अब बुला ले इन्हें उधर जिधर तू है।

130.

उठेगा तो आंख में सबकी लगेगा, धुआं देकर देखो।
आग फैलेगी तो घर कई जलेंगें यूं हवा देकर देखो।

131.

ताउम्र जमाने ने बदनाम किया उसे मगर,
शीशे की साजिश को पत्थर देखता रहा।
कतरों ने जब बेअदबी का ऐलान किया,
न जाने क्यूं खामोश समंदर देखता रहा।

132.

सजे हैं कई खाब किसी आंख में वीरान मंजर नहीं होता।
बहुत सहकर खामोश हो गया यूं ही दिल पत्थर नहीं होता।
गम-ऐ-दरिया के आंसू तमाम उम्र वो पीता रहा जमाने के।
अश्कों का अक्स है जीवंत ऐसे तो खारा समंदर नहीं होता।

133.

जमाने का जैसे चलन बदल गया है।

सबके जीने का जतन बदल गया है।

किसी से मिलके कोई खुश होता नहीं।

यूं लगता है सबका मन बदल गया है।

134.

सांस लेने के शौक से न समझिये के सब जिंदा हैं।

लोग इस जमाने में बस इतनी ही हरकत करते हैं।

मुहब्बत भी करते हैं तो अपने मतलब की खातिर।

अपने मतलब के खातिर ही सब नफरत करते हैं।

135.

अगर लोगों में खुदगर्जी न होती, ये वास्ते न होते।

जमाना सियासत न करता, गुमराह रास्ते न होते।

अपनी जमीं भी होती सबकी अपना आसमां होता।

यूं मंजिलें भी मिलती सबको मगर ये हादसे न होते।

136.

अभी तो परों में जान बाकी है।

अभी परिंदे की उड़ान बाकी है।

महज शाखें नहीं वजूद उसका।

अभी असली पहचान बाकी है।

137.

दर बदलने से दुआ नहीं बदल जाती।

बाग बदलने से हवा नहीं बदल जाती।

गैरों से तुम्हारी वफादारी तो ठीक, पर।

यूं बाप बदलने से मां नहीं बदल जाती।

138.

न जाने कितने सितारे जमीं पर उतार आये हैं।

यादों के समंदर में भावनाओं के ज्वार आये हैं।

हस्ती नहीं हवा की भी जिनके गिरेबान छू सके।

आशिक वही तुम्हारे प्यार में गिरफ्तार आये हैं।

सजाई थी ये महफिल यारों ने यारों के नाम की।

यारों से मिलने ही तो आज यारों के यार आये हैं।

139.

गैरों से यारी अच्छी नहीं।

यूं मुल्क से गद्दारी अच्छी।

140.

जब करने को अच्छी बातें न हों

अच्छा है कि फिर बातें न हों

141.

कुछ इस कदर चमका अपने किरदार को।

तू अंधेरी हर महफिल में उजाला कर दे।

142.

कितनी ही दुश्वारियां सहकर चला था।

मैं राह में ठोकरों से कहकर चला था।

मोड़ भी आएंगे तमाम इस सफर में।

मैं तो एक दरिया था बहकर चला था।

143.

पथ में फूल मिलेंगे या पत्थर पता चलता है।

घर से निकलो तो हर मंजर पता चलता है।

उजाले में तो ये अपने साये भी साथ देते हैं।

साथ कौन है अंधेरों में चलकर पता चलता है।

144.

घर न सही मेरा एक कोना ही बहुत है।

बच्चों की जागीर खिलौना ही बहुत है।

न पूछो बुजुर्गों के होने से क्या होता है।

अरे घर में बुजुर्गों का होना ही बहुत है।

145.

बात मन की मन समझ लेंगे।

भाव सारे नयन समझ लेंगे।

मौन स्वयं संवाद है प्रेम का।

राधा न कहे किशन समझ लेंगे।

146.

यूं ही तो नहीं छोड़ दिया पाना तुझे।

हमने पाने की हर ख्वाहिश के बाद।

जाने क्यों कोई काश रह ही जाता है।

न जाने क्यों मेरी हर कोशिश के बाद।

147.

यूं हर जगह तुम्हारी ही मौजूदगी हो गई है माईने हमारे।

तुम्हारी सूरत लिये फिरते हैं आंखें हमारी आईने हमारे।

148.

न खबर पूछते हैं किसी की न खैरियत पूछते हैं।

नज़र लगाकर लोग यहां फिर तबियत पूछते हैं।

मिल के गले लग जाते थे वो दौर कब का गया।

अब तो मिलने से पहले लोग हैसियत पूछते हैं।

149.

लगता है फिर जनाजा निकलेगा धूम से।

लगता है फिर उसने शहर सजाये हुये हैं।

लगता है यूं फिर किसी की जान जायेगी।

लगता है फिर कहीं कातिल बुलाये हुये हैं।

150.

जो शौक थे सब छूट गये अब आदतें बाकी रहीं।

अपने तो सभी रूठ गये बस अदावतें बाकी रहीं।

कितने करीब रह गये हैं हम इन दूरियों के दरम्यां

खामोशियों के रिश्तों में बस शिकायतें बाकी रहीं।

151.

बात हुई कल जब किसी से याद आया।

उसे याद कर आंखों की नमी से याद आया।

यही कहीं किसी गली में उसका भी मकान था।

आज गुजरते हुये उस गली से याद आया।

152.

हम भी, बहुत खुश रहते हैं खामोश होकर।

मेरे अल्फाज एक काम महज कर जाते थे।

मेरी जो आदत थी अक्सर सच बोलने की।

मेरे लहजे लोगों को असहज कर जाते थे।

153.

बोझिल करती हैं बातें दुनिया की।

तो खोये सपनों में रहना अच्छा है।

गैरों से तो सबको बस जख्म मिले।

ये जीवन अपनों में रहना अच्छा है।

154.

कौन कहता है जिंदगी में कोई उलझन नहीं है।

हां मगर आज बाकी वो बातें वो बचपन नहीं है।

मैं सोचता हूं रूठे अपनों को भला मनाऊं कैसे।

जिनसे बनती नहीं है मगर कोई अनबन नहीं है।

155.

जिंदगी के रास्ते में हर मोड़ से एक मोड़ जाता है।

यहां हाथ पकड़ता है जो वही साथ छोड़ जाता है।

ये चमन तो लुटा है हमेशा अपने ही बागबानों से।

जिसने कलियां नहीं तोड़ी वो शाखें तोड़ जाता है।

156.

कैसे बताएं कितनी बेबसी सी लगती है।

जाने ये जिंदगी खुदकुशी सी लगती है।

ऐसा नहीं कि फ़ौरन रात ढल ही जाये।

बस तेरे आने से यूं रोशनी सी लगती है।

157.

इस सूरत में भी तो कोई रास्ता निकलना चाहिये।

आखिर क्यों है रुका ये कारवां निकलना चाहिये।

कौन करेगा हिफाजत इस चमन में फूलों की अब।

तलबगार खुशबुओं का वो बागबां निकलना चाहिये।

158.

होके दूर गमों से खुशी का सफर हो।

बहते आंसुओं से हंसी का सफर हो।

तुम बिन कैसा सफर, जिंदगी कैसी।

जिंदगीभर तुम जिंदगी का सफर हो।

159.

शह और मात के खेल में मात मिलेगी तो शह भी मिल जायेगी।

बेवजह मिलते रहा करो सबसे मिलने की वजह भी मिल जायेगी।

160.

ज्यादा से ज्यादा क्या होगा।

लोग आएंगे तो मजमा होगा।

सुना उसके जनाजे भीड़ थी।

वो ताउम्र कितना तन्हा होगा।

बुरा-भला कहते हैं लोग जिसे।

उसने तो बस सच बोला होगा।

161.

कल यूं ही जब उससे मिला था।
एक पल को मानो ऐसा लगा था।
मंजिल तो मेरी बस वही थी।
और मैं न जाने कहां रुका था।

162.

वो हर शख्स जो आजकल इतना बेफिकर है।
उसे मालूम इस जमाने में हर फन की कदर है।
जो स्याही लिखती है तकदीर तो शमशीर भी।
इसलिये मत भूल तेरा ऐब ही तो तेरा हुनर है।

163.

वक्त जैसा भी हो ढल जायेगा।
ये मौसम भी तो बदल जायेगा।
ढूंढ अंधेरे में सुराख रौशनी का।
पानी पत्थरों से निकल जायेगा।

164.

तू कायम रख अपना ये हौसला रौशनी का।
बाकी है तमाम उम्र अभी रातें और भी होंगी।

165.

बस मेरी हस्ती मेरा वजूद न बदले कभी।

भले मेरे दामन में फूल रहे या आग रहे।

मैं और तो कुछ भी नहीं चाहता जमाने से।

मेरी कोशिश है मेरा हर किरदार बेदाग रहे।

166.

बदलते रहते हैं लोग अपने आईने हमेशा।

मगर चेहरा कभी किसी का बदलता नहीं।

ठहर कर सोचे जरा भागता हुआ आदमी।

भागकर कोई वक्त से आगे निकलता नहीं।

167.

वो कांपते लफ्जों की मासूम तमाम नसीहतें।

जो हो सके तुम हमेशा ही संभाल कर रखना।

जब घर से निकलते ही बीमार मां कहती है।

मैं तो ठीक हूं बेटा तुम अपना ख्याल रखना।

168.

पढ़े हमने न जाने कितने ही सवाल।

जाने कितने जबाबों में उलझा रहा।

जरूरी सबक सारे जिंदगी ने सिखाये।

मैं फिजूल ही किताबों में उलझा रहा।

169.

तेरी खामोशी का सबब क्या है खुदा।

अक्सर में इन कातिलों के गुनाह पर।

जो मजलूमों सा ही मजबूर है तू भी तो।

मैं आखिर तुझे खुदा कहूं कि बिनाह पर।

170.

वो अगर बन के शायर कभी इस जमीं पे उतरा होता।

होती ये खुद चांद की ख्वाहिश वो तेरा चेहरा होता।

171.

मिटा के अपनी हस्ती जो आबाद हो गये।

झुका हर सर सजदे में, फरियाद हो गये।

दर्ज हो गई जिनकी दास्तान इतिहास में।

शहीद बन के वो हर जुबां पर याद हो गये।

172.

जुबां से कहते हैं हर बात इशारा नहीं करते।

आसमां को छूने वाले जमीं पर गुजारा नहीं करते।

हिम्मत है जिनमें हर हालात बदल देने की।

वक्त के हर फैसले को वो कभी गंवारा नहीं करते।

173.

जिंदगी को चलने दो यूं जिंदगी के नाम से।
एक सूरज उगेगा फिर डूबती हुई शाम से।
इन दूरियों में जो एक सुकूं है जरा समझो।
हम अपनी मंजिल से तुम अपने मुकाम से।

174.

जिंदगी में यूं कोई तलाश न हो।
कोई कभी किसी के पास न हो।
चलने को जिंदगी यूं ही चलेगी।
तू यूं किसी के लिये उदास न हो।

175.

बदली है नीयत जब से यही लत खुदा हो गई।
मोहब्बतों के मुल्क में कैसे नफरत खुदा हो गई।
मजहब की तालीम ने तो अमन को खुदा माना।
मगर मजहबी सियासत में सियासत खुदा हो गई

176.

बेवजह बनाते हैं सब बातें हैं जमाने में।
तुम सबसे बचके इस जमाने में मिलना।
होश में सभी मिले मदहोश अब तलक।
होश की बातें करेंगे मयखाने में मिलना।

177.

जो बीत गई वो बात गई।

संग तेरे ही तेरी याद गई।

नींद हमें न आईं एक पल।

जगते हुये ही सारी रात गई।

सावन बीते अरसा गुजरा।

अब आंखों से बरसात गई।

178.

ऐ चिरागों कर दो तुम इतनी रोशनी आज।

बस जगमगा सी उठे जैसे हर जिंदगी आज।

ताउम्र तरसती रही इक मुस्कुराहट के लिये।

बख्श दे तू उसे बस जी भर के खुशी आज।

179.

यह गुजारिश खामोश लफ्जों की थी।

जो मासूम निगाहों से कहा न गया।

हमने यूं कोशिशें तो बहुत की मगर।

फिर भी ये दर्द हमसे सहा न गया।

तुम साथ न आये खैर कोई बात नहीं।

यूं यादों में आये बगैर क्यों रहा न गया।

180.

हसरतें निगाह को वो मंजर न मिला।

मेरी प्यास को कोई समंदर न मिला।

मैं तुझे मांगता रहा उम्र भर मुकद्दर से।

मगर तू मिलता मुझे वो मुकद्दर न मिला।

181.

मैं आज फलक से चांद जमीं पर उतार लाया हूं।

शेरों-सुखन की शक्ल में चैनों- करार लाया हूं।

दिल में तो हसरतें कई मगर दुआओं में तेरी खुशी।

तू खुश रहे यूं मैं जमाने की खुशियां उधार लाया हूं।

182.

जुनून है जिसे और जान देने का नशा है।

जो इस जमीं के जर्रे-जर्रे का निगेहबां है।

आशिकों के फसाने तो तमाम है जमाने में।

सच्चा आशिक वही है जो वतन पर फिदा है।

183.

मौत भी कैसे इनाम है जिंदगी का जरा देखो।

जिसकी शान में ये तिरंगा झुक गया है देखो।

जिंदगी का सफर मुकम्मल तो होगा एक रोज।

वो जमीं पे क्या गिरा के आसमां हो गया है।

184.

देकर लहू जिसने संवारा है अब तक चमन को।

आज शाख का हर फूल उसकी याद में खिला है।

दोहराएंगी हमारी नस्लें भी हुनर ये जान देने का।

इश्क में वही याद आयेगा जो इश्क में फना है।

सुना है हर सबक किताबों का बदल जायेगा।

पर वो इतिहास न बदलेगा जो लहू से लिखा है।

185.

लिख डालो इतिहास अमरता का।

बस तुम शोणित स्याही बन जाओ।

जो जीना चाहो मरकर भी तुम तो।

सरहद का एक सिपाही बन जाओ।

186.

रंजो-गम के अंधेरे हैं मेरे इस शहर में।

तुम जरा मुस्कुराओ तो रोशनी हो जाये।

चांद को कहां फुर्सत मेरे आंगन में उतरे।

जो तुम्हीं आओ रात ये चांदनी हो जाये।

187.

अब कोई बात हो तो बात इस बात पर हो।

आजकल के बिगड़े तमाम हालात पर हो।

हर कोई पूछता है तुम हिंदू हो के मुसलमां।

मशवरा है चंद सवाल ऐसे सवालात पर हो।

188.

मेहनत ही है मुकद्दर मेरा।

मेरी लुटेरों से नहीं बनती।

एक कतरा हूं रोशनी का।

मेरी अंधेरों से नहीं बनती

189.

छलक पड़े आंखों से जो।

वो मोती जल बन जाता है।

यही आज नाराज होकर।

कल फिर कल बन जाता है।

यादों के साये में बीता लम्हा।

कितना हंसी पल बन जाता है।

190.

वो सारी कहानियां एक तरफ।

चाहतों की निशानियां एक तरफ।

दस्ताने हकीकत जो दर्ज हो कभी।

शहीदों की कुर्बानियां एक तरफ।

जिंदगी वही जो मिटे सरजमीं पर।

यूं तमाम जिंदगानियां एक तरफ।

191.

जो मुहाफिज है तू सबका, तेरी रजा बता दे।

मेरा हर गुनाह बता दे मेरी हर सजा बता दे।

एक तरफ है मंदिर एक तरफ है मस्जिद तेरी।

में किधर जाऊं मेरा मजहब मेरा खुदा बता दे।

लेकर एक तेरा नाम जो जला रहे थे बस्तियां।

जलती आग में बचा मजहब कौन सा बता दे ।

एक शमशान को जाता है एक कब्रिस्तान को।

किस पर मिलेगी जिंदगी मुझे वो रास्ता बता दे।

इंसान को गिरा दे जो इंसानियत के मर्तबे से।

भरा है सियासत में तूने कौन सा नशा बता दे।

192.

मुमकिन को भी वो कितना मुश्किल लिख रहे हैं।

कैसे-कैसे लोग मुल्क का मुस्तकबिल लिख रहे हैं।

193.

अंधेरों की परवाह नहीं करते जो अक्सर।

वजूद उन जुगनुओं का हर रात कायम है।

194.

अंधेरों को सावधान कर दो।

तुम आज ये ऐलान कर दो।

चिराग उजाला करके रहेगा।

तेज हवा या तूफान कर दो।

195.

हर पल कसौटी जीवन की चाहे शोक रहा या हर्ष रहा।

हर युग में सत्य यही था हर युग का यही निष्कर्ष रहा।

जब लिखी रामायण प्रेम-त्याग और मर्यादा की स्याही से।

तब रिक्त अयोध्या का स्वर्ण सिंहासन भी चौदह वर्ष रहा।

196.

हर घड़ी हर पल यादों का मंजर होता है।

मेरी निगाहों में बस तू ही अक्सर होता है।

सच है सफर तन्हा भी कट जायेगा मगर।

साथ हो कोई हमसफ़र तो बेहतर होता है।

197.

अब कोई न पूछो हमसे कैसा लगता है।

तुम अच्छी लगती हो तो अच्छा लगता है।

देखो भीड़ है दुनिया की कितनी राहों में।

पर तुम बिन सूना सा ये रस्ता लगता है।

कितने झूठे हैं सब रिश्ते प्यार वफा के।

बस तुम होते हो तो सब अच्छा लगता है।

198.

बड़ी दूर तेरी नजरों के नजारों पर चल कर आये हैं।

बस तेरी ख्वाहिश तेरे इशारों पर चल कर आये हैं।

हक है तुम्हें जो चाहे इल्जाम दो वफाओं को मगर।

देख मेरे पांव के छाले हम शरारों पर चलकर आये हैं।

199.

अक्सर सुना भी है हमने और देखा बहुत है।

थोड़ी वफाएं भी होगी मगर धोखा बहुत है।

भले मासूमियत हो इश्क की मुस्कुराहटों में।

मगर ये बच्चा है जो अक्सर रोता बहुत है।

ये सफर मुकम्मल हो तो है खूबसूरत मगर।

दिल टूटे तो दर्द होता है और होता बहुत है।

200.

मां जैसे कोई किताब लिख देती है।

मोहब्बत तो बेहिसाब लिख देती है।

खुद सहती हो गम के हजार कांटे।

मेरे मुकद्दर में गुलाब लिख देती है।

201.

उधड़ते रिश्तों में अब मोहब्बत की तुरपाई नहीं बची।

पढ़कर जो लौट आये खातों में वो रौशनाई नहीं बची।

मर्ज बनकर जहर अब दौड़ने लगा है नस्ल की रगों में।

हकीम ने भी छोड़ दी आस अब कोई दवाई नहीं बची।

202.

बहुत मुश्किल है जख्मों की कहानी लिख पाना।

मिले उनसे हर सितम को यूं जबानी लिख पाना।

गढ़कर कोई किरदार, मुमकिन है तमाम किस्से।

आसां नहीं है अपनी आंखों का पानी लिख पाना।

203.

हुनर वो शय जो चुराने से नहीं आते।

ग़म पास कभी मुस्काने से नहीं आते।

आज की ये हारी बाजी भी जीत लेंगें।

हार मानें हम ऐसे घराने से नहीं आते।

हौसला भी चाहिये उड़ान भरने के लिये।

आंखों में ख्वाब यूं डराने से नहीं आते।

“चिरागों से खता”

जाने आज क्यों तेज ये हवा हो गई है।
क्या फिर चिरागों से कोई खता हो गई है।
अंधेरों से तो न थी शिकायत अब तलक।
क्या कहें जबके रोशनी ही खफा हो गई है।
अब तो करते हैं लोग अमीरों के सजदे रोज।
जबसे दौलत ही बंदगी दौलत खुदा हो गई है।
एक दौर था लोग नाज करते थे ईमान पर।
इस दौर में जैसे वो शय ही गुमशुदा हो गई है।
क्या जहर बिकते नहीं कहीं बाजारों में अब।
हर शख्स की जहरीली क्यों जुबां हो गई है।
बस्तियों की उदासी जरा बुझते दिये से पूछो।
रोशनी अमीरों के हिस्से,गरीबों के शमां हो गई है ।

"मैं सवेरा ढूढ़ता हूँ"

क्या जाने जमाने में मैं ये क्या ढूंढता हूं।

अपनी मुट्ठी में अपना आसमां ढूंढता हूं।

उम्र की रेत में दिन-रात भटकता हुआ।

लौटकर अपना वही बचपना ढूंढता हूं।

नासमझ आदतों से होके परेशान अपनी।

मैं हमेशा उजालों में ही अंधेरा ढूंढता हूं।

भुला के उसकी यादों को याद करता हूं।

मगर वो नहीं मिलता उसे इतना ढूंढता हूं।

हर दिन है मेरे पास मगर मुझे परवाह नहीं।

हर शाम जलाकर चिराग मैं सवेरा ढूंढता हूं।

“कहती है माँ”

बहते दरिया सी अक्सर बहती है मां।

खामोश समंदर सी खामोश रहती है मां।

औलाद रहे महफूज जहां हर गम से जहां में।

इसी खुशी की खातिर कितने गम सहती है मां।

बाद मुद्दतों के जब किसी ने पूछा हाल उसका।

मैं ठीक हूं तू अपना ख्याल रखना ये कहती है मां।

“रंग उजला हो गया”

मजहबो के दरमियां जो ये मसला हो गया।

नफरतों का कैसा ये सिलसिला हो गया।

सियासतदा तो सेकते रहे बस रोटियां अपनी।

नूर फैला जरा मोहब्बत का और फैसला हो गया।

ताउम्र लड़ते रहे हम हरे और लाल रंग में।

मौत क्या आई और दोनों का रंग उजला हो गया।

“प्रहरी”

लेकर सिंधु समग्र वो कैसे प्यासा चल रहा था।
निस्तब्ध निशा में क्यों बनके जुगनू जल रहा था।
ओढ़ के सपनों की चादर जब यह सारा जग सोया।
हिमशिखरों पर बैठा प्रहरी हिम सा पिघल रहा था।
कण-कण है दर्पण जिसके नित शौर्य त्याग का।
सीमाओं का रक्षक कैसे सीमाओं पर संभल रहा था।
षड्यंत्रों के सकल व्यूह रच रच कर अरि ने देखा है।
मात मौत को देने वाला हिंद का वीर मचल रहा था।
कांपी थी धरती भी दुश्मन की दहशत से उसके ।
'जीवंत' होकर जब ये सिंह समर पर निकल रहा था।

“दस्तखत”

चंद लम्हों की दूरियां है दरमियां मगर।
कौन कहता है हो गये हैं रुखसत हम।
सीने में धड़कता है ये दिल तेरी खातिर।
और धड़कनों में है तेरे दस्तखत हरदम।

"बेटियां"

घर के आंगन में सारी कायनात हैं बेटियां।
जिंदगी के अंधेरों में उजाली रात हैं बेटियां।
यहां दुआओं में मांगे जाते हैं बेटे मगर।
नसीब वालों को खुदा की सौगात हैं बेटियां।
न होती ये तो कितनी बदरंग होती जिंदगी।
हर उदास लम्हों में खूबसूरत खयालात हैं बेटियां।
बोझ हैं सीने पर या अपनी होकर भी पराई।
सदियों से हमारे सामने ये सवालात हैं बेटियां।
व्यथायों में, प्रथाओं में अनगिनत कथाओं में।
हर दौर में जकड़े समाज की हालात हैं बेटियां।
अब, जब जुगनूओ ने छोड़ दी सूरज की रोशनी।
उम्मीदों के नये युग की शुरुआत हैं बेटियां।
बिकती रही,बंधती रही, नीलाम होती रही अब तलक।
आज खुद दहेज लोभीयों की लौटाती बारात हैं बेटियां।
बरसों तरसती सिसकती कैद जाने कितनी बंदिशों में।
खामोश हैं मजबूत हैं मगर मासूम जज्बात हैं बेटियां।
चिड़ियों की चहक हैं ये खिलती कलियों की महक हैं।
खेत-खलियानो में सावन की बरसात हैं बेटियां।
गीत-गजल, रिश्ते -नाते,प्यार- वफ़ा और कितनी यादें।
इन खट्टी-मीठी बातों की सबसे अच्छी बात हैं बेटियां।

“सुलह”

जब तक उजालों से हमारी सुलह नहीं होगी।
अंधेरी इन बस्तियों में कभी सुबह नहीं होगी।
रसूख वाले यूं ही सुना देंगे अपने हर फैसले।
सच और झूठ पर कभी अब जिरह नहीं होगी।
हक मारकर औरों का ऐ सुकून कमाने वालों ।
बस भरम है तुम्हारा जिंदगी में कलह नहीं होगी।
दौलत-ओ-शोहरत से कोई अमीर होता है क्या।
ऐसी अमीरी का क्या गर दिल में जगह नहीं होगी।
आसमां को छूने वाले जरा कदम जमीन पर रहने दे।
फिर जमाना तुझे भुला दे ऐसी कोई वजह नहीं होगी।

“तुम्हारे लिये”

क्यों छाई है बेकसी बस तुम्हारे लिये।
हर तरफ है ये बेखुदी तुम्हारे लिये।
हो सके अगर लौट आओ जिंदगी में।
हम मांग कर लाये हैं जिंदगी तुम्हारे लिये।
रास्ते वही हैं और हर मंजिल वही है।
जो तुम नहीं हो तो मुश्किल वही है।
रोज सजती है यहां वही शाम ये महफिल।
जहां खामोश है रोशनी तुम्हारे लिये।
हो सके अगर लौट आओ जिंदगी में।
हम मांग कर लाये हैं जिंदगी तुम्हारे लिये।
नींद आती रही जिन्हें वह ख्वाब बुनते रहे।
कितने थे खामोश हम खामोशियां सुनते रहे।
बेताब इस क़दर प्यास की तलाश में।
ये नैना हो गये हैं नदी तुम्हारे लिये।
हो सके अगर लौट आओ जिंदगी में।
हम मांग कर लाये हैं जिंदगी तुम्हारे लिये।
वक्त तो वक्त है वक्त बनके गुजरता रहा।
अरमान जैसे कांच का सामान टूटकर बिखरता रहा।
लोग आते रहे रोज दुनिया बसाते रहे रोज।
हम ही रह गये अजनबी तुम्हारे लिये।
हो सके अगर लौट आओ जिंदगी में।

हम मांग कर लाये हैं जिंदगी तुम्हारे लिये।
बीत गये बरसो फिर भी यादों के बादल छाये हैं।
मेरी राहों से मंजिल तक बस तेरे ही साये है।
जीने की कोशिश मेरी थी अब तक तेरे बिन।
मगर हर सांस थी खुदकुशी तुम्हारे लिये।
हो सके अगर लौट आओ जिंदगी में।
हम मांग कर लाये हैं जिंदगी तुम्हारे लिये।

“इस तरह”

सावन ने की क्या अब की साजिश इस तरह।
बह गया मेरा आशियां हुई बारिश इस तरह ।
ऐतबार तो न था उसकी मासूमियत पर जरा भी।
फिर भी जान दे आये उसने की गुजारिश इस तरह।
महफूज रहना है तो रहने दे दुआओं के हाथ सिर पर।
न छोड़ो पाक रिश्तों को जमाने में लावारिस इस तरह।
साये अपनों के ही सुकून देते हैं मुश्किलों की तपिश में।
मुनासिब नहीं है मान लेना गैरों की सिफारिश इस तरह।
तड़प देखी है हमने मचलते दरिया की समंदर के लिये।
मिलना हमसे अगर हो मिलने की ख्वाहिश इस तरह।

“दिलों में खुदा रह जाने दो”

दरमियां आपने इतना तो बचा रह जाने दो।

इश्क में अब थोड़ी तो वफा रह जाने दो ।

चाहो तो गिरा दो सारी इबारतें मजहब की।

गुजारिश है दिलों में तो खुदा रह जाने दो।

तुझे मंसूब नहीं जो खुशियां मेरे जानिब से।

अब सुकून से तो मुझे इस दफा रह जाने दो।

हर बार की वफा हमने हर बार पाइ बस खता।

मेरी वफा को ही अब मेरी खता रह जाने दो।

उतारा है सर से हर इल्जाम जो सजा पाकर।

ये इल्जाम सर पर मेरे इस मर्तबा रह जाने दो।

जो कहते हैं ताउम्र चलते हैं चाहतों के इम्तहा।

अगर आखिरी है तो बाकी ये इम्तहा रह जाने दो।

"हम ऐसा कारोबार करें"

तुम हम पर कुछ ऐतबार करो।
हम तुम पर कुछ ऐतबार करें।
नफरतों की मिल में लग जाएं ताले।
मोहब्बत का हम ऐसा कारोबार करें।
जिद की जद से प्यार की हद तक ।
धरती से आकाश की सरहद तक ।
हम सब बिछड़े पंछी एक डाल के।
आओ लकीरों की ये सरहद पार करें।
नफरतों की मिल में लग जाये ताले।
मोहब्बत का हम ऐसा कारोबार करें।
मजबूर कभी मजहब की जंजीरों से।
जख्मी कभी सियासत की शमशीरो से।
अब लहू बहे न इंसानों का इस मिट्टी में।
नुस्खा अमन का ऐसा कोई तैयार करें।
नफरतों की मिल में लग जाये ताले।
मोहब्बत का हम ऐसा कारोबार करें।
अब हिंदू हो न यहां कोई मुसलमान हो।
हर मजहब से पहले मेरा हिंदुस्तान हो।
तेरे जख्म पर बहे नीर मेरी आंखों से।
लगाकर गले इस दोस्ती का इजहार करें।
नफरतों की मिल में लग जाये ताले।

मोहब्बत का हम ऐसा कारोबार करें।

गुजर जायेगा ये लम्हा जब गुबार बनकर।

यादों की कश्तियां सीने में ज्वार बनकर।

बहते वक्त का दरिया ले जायेगा जिस मोड़ पर।

ऐहसासों में हम ही आएंगे प्यार बनकर।

सफर ये जिंदगी का जब निकल जायेगा दूर तलक।

यादों के साये गुनगुनाएंगे सितार बनकर।

महफिलों के शोर का जब दौर निकल जायेगा।

तड़पायेंगी तनहाइयां मासूम तकरार बनकर।

खामोशियों का सुकून जो मुझे मंजूर है कि।

बदनामियां ही मिलती हैं जमाने में इश्तिहार बनकर।

“चिंता नहीं चिंतन करिये”

क्योंकि आज नहीं तो कल होगा।

तेरे सारे प्रश्नों का हल होगा।

निकलेगा जब उम्मीदों का सूरज।

खत्म बेखौफ अंधेरों का छल होगा।

प्यास बुझेगी मिट्टी के तपते अधरों की।

फिर धानी इस धरती का आंचल होगा ।

मुरझाती ये फसलें फिर लहरायेगी।

फिर सावन बरसेगा फिर बादल होगा।

देखो ये पतझड़ है चंद पलों का बस।

आगे फिर वो ही मोहक पल होगा।

आज भले दहकते अंगारों का पथ है।

कल इन आंखों का हर मंजर शीतल होगा।

ये जीवन एक समर शौर्य एवं सामर्थ्य का।

जीतेगा जिसमें जितना संबल होगा।

यही नैराश्य निशा जब छंट जायेगी।

फिर से जीवन कितना उज्जवल होगा।

क्योंकि आज नहीं तो कल होगा।

तेरे सारे प्रश्नों का हल होगा।

“हम तुझे क्या लिखते ”

करम लिखते तेरा या सजा लिखते।

दर्द लिखते अपना या दवा लिखते।

जब भी लिखते हम दास्ताने - जिंदगी।

जिंदगी तू ही बता हम तुझे क्या लिखते।

जो लोग कहते है चाहतों को नाम खुदा का।

हम तुझे बंदगी लिखते या खुदा लिखते।

कहानी होकर शुरू तुझसे तुझी पर खत्म।

हम और इसमें क्या तेरे दरमियां लिखते।

अंजाम हुआ वही जो होता रहा अब तलक ।

फिर क्या पुराना कहते क्या नया लिखते।

ये तो बस खयाल था हमें तेरी रुसवाईयों का।

जो हम लिखते तो कैसे गिला-शिकवा लिखते।

दर्द ही छलकता है आंखों से अश्क बनकर।

बस इतनी सी बात को और कितना लिखते।

मेरी खामोशियां ही थी हर आवाज मेरी।

वही अनसुनी बात कैसे हर दफा लिखते।

“समझौता”

चलो आज कुछ ऐसा करते हैं।

फिर खुद से एक समझौता करते हैं।

मार कर गैरत क्या कमाई है दौलत।

क्यों लोग दौलत की खातिर इतना करते हैं।

लानत है बेगैरत की ऐसी जिंदगी पर।

आओ मुर्दा इस शहर को जिंदा करते हैं।

जो करते हैं मदद मजलूमो की यहां।

लोग अक्सर उसके लिये दुआ करते हैं।

नेकी का सिला तो नेक ही होता है।

हमने सुना है ये लोग कहा करते हैं।

मजबूरियों में करते रहे जो गलत फैसले।

अब न हो कुछ गलत ये फैसला करते हैं।

जो तख्तो ताज की खातिर इतने गुनाह करते हैं।

सब यही छोड़कर जाते हैं और क्या करते हैं।

“पता”

काफिर हो कर भी मैं जो करने लगूं सजदा।
काश बंदगी हो जाये, मेरा खुदा हो जाये तू।
सबकी ख्वाहिशें है अपनी-अपनी तेरी खातिर।
मैं कैसे कहूं कि आखिर क्या-क्या हो जाये तू।
बेचारे इस दिल की हसरतें हैं चंद इतनी सी।
बनके कुबूल मेरी वो हर दुआ हो जाये तू।
मैं एक भटका हुआ मुसाफिर मंजिलों से अपनी।
'जीवंत'अगर हो सके तो मेरा पता हो जाये तू।

“वादा न कर”

उसके बंदों को रहने दे बंदा ही उन्हें खुदा न कर।
पत्थरों का वजूद है अपना उन्हें शीशा न कर।
बुरे लोग भी तो अच्छे हैं उन्हें बस रहने दे।
यूं लोगों को अच्छा कहकर उन्हें बुरा न कर।
माना हमने की भलाई चीज तो भली होती है।
मगर लोग बेवकूफ समझें इतना भी भला न कर।
सच है कि चेहरे से छलक आता है दर्द दिल का।
फिर भी चेहरे को चेहरा रहने दे उसे आईना न कर।
ये जो लोग हैं जमाने में इन्हें तुझसे क्या पड़ी है।
रुसवा कर देंगे तुझे इनसे हाले - दिल कहा न कर।

इस शहर की सूरत में अपने भी पराये नजर आते हैं।
ये गांव नहीं है तू हर किसी यूँ को अपना न कर।
बातें तो होती ही रहती हैं जमाने हर बात पर।
तू अपनी कोशिश कर मगर यूं वादा न कर।

"धुआं - धुआं सा"

सारे शहर में उठता यह धुआं - धुआं सा क्यों है।
अमन की बस्ती में ये घर जला - जला सा क्यों है।
सुना है तेरे शहर में बड़ी तेज भागती है जिंदगी।
फिर हर तरफ ये कारवां रुका - रुका सा क्यों है।
जमाने के इश्तहारों में तेरी बुलंदी जो आसमां छूती है।
तो इंसानियत के मर्तबे से हर शख्स गिरा - गिरा सा क्यों है।
इसी मिट्टी का जाया हूं मैं भी,इसी मिट्टी का जाया है तू भी।
भाई - भाई होकर भी,भाई - भाई से डरा - डरा सा क्यों है।
सुना था हमने किताबों में पढ़ा था मजहब पैगाम है अमन का।
तो कहीं रंग इसका गेरुआ और कहीं हरा - हरा सा क्यों है।
कई मुकाम हासिल किये हमने बनके मुसाफिर इसी राह के।
क्या बात है आज राह का हर मुसाफिर डरा - डरा सा क्यों है।
जिस जज्बे से बनाई थी हमने तस्वीर गंगा जमुनी तहजीब की।
सियासत की शमशीर से जख्मी वह जज्बा मरा - मरा सा क्यों है।

"जरूरी है"

जिंदगी में दरअसल इतनी ही पहचान जरूरी है।
कदमों तले जमीं और सर पे आसमान जरूरी है।।
कौन है यहां जो मुफलिसी के साये से नहीं गुजरा।
मगर जिंदा हो तो होठों पर जरा मुस्कान जरूरी है।।
इतनी भी मुश्किल नहीं है जैसी भी है ये जिंदगी।
जीने को बस रोटी कपड़ा और मकान जरूरी है।।
दौलत से रसूख तो मिलता है मगर ये जिंदगी नहीं।
जिंदगी में सामान नहीं जीने का अरमान जरूरी है।।
बेशुमार भीड़ है यहां लोगों की जिस तरफ देखो।
जो सुख दुख में काम आये ऐसा मेहरबान जरूरी है।।
मुश्किलें तो बस हैं इम्तहान जो हौसले आजमाती हैं।
तू अगर जीना चाहता है तो तेरा इम्तहान जरूरी है।।
वतन पर जान देने वाले जानते हैं वजूद कुर्बानियों का।
सलामत ये चमन अपना ये खेत-खलियान जरूरी है।।
तेरा मजहब तुझे मुबारक हो और मेरा मुबारक मुझे।
मगर जीवंत पहले महफूज ये हिंदुस्तान जरूरी है।।

“कौन क्या बनकर आया”

जाने अपने किरदार में यहां कौन क्या बन कर आया।

कोई चिराग बनकर आया तो कोई हवा बनकर आया।

ये फितरत थी ज़माने की या अक्स उसकी परवरिश का।

कोई दर्द बनकर आया और कोई दवा बन कर आया।

सुना है लोग चेहरे बदल लेते हैं यहां मिलने से पहले।

वो पहचान में ही नहीं आया कल इतना बनकर आया।

वक्त की धूप में क्यों बदल जाती है तस्वीर रिश्तों की।

आवाज भी न सुनी उसने वो शायद बहरा बनकर आया।

तरक्की बहुत की उसने कि अपनों से दूर निकल गया।

जीवंत हर जिक्र में वो एक चेहरा धुंधला बनकर आया।

“दोस्ती बनके दुश्मनी रह गई”

होठों पर कहीं जो हंसी रह गई।

आंखों में अब तलक नमीं रह गई।

ख्वाहिशों की फेहरिस्त थी बड़ी ।

अब भी उनमें बाकी कई रह गई।

ये उम्र तो रोज यूं ही गुजरती रही।

बस बाकी जरा सी जिंदगी रह गई।

इस पहचान का सिला ये मिला।

ये जिंदगी तू ही अजनबी रह गई।

साथ देना तय था जो दरमियां अपने।

मैं हूं यहां तन्हा और तू कहीं रह गई।

जो मिला तुझसे कुछ कम तो नहीं।

खुशी इतनी कि खुदकुशी रह गई।

इस झूठ में सब सच है मगर इतना।

मैं हो गया झूठा और तू सही रह गई।

बहुत बदला वक्त ये मुकाम आते आते।

जीवंत दोस्ती बनके दुश्मनी रह गई है।

“हर शब्द श्रीराम कर लूँ”

इतना है काम प्रभु बस इतना काम कर लूं।
हाथ बांधकर मिलूं सबसे प्रणाम कर लूं।
ये जिंदगी है तुम्हारी बस रहे तुम्हारे नाम।
मैं हर एक सांस इसकी तुम्हारे नाम कर लूं।
मन हो पावन काम क्रोध मद लोभ छोड़कर।
बसे हृदय में अयोध्या हर शास श्रीराम कर लूं।

“हादसों का शहर”

अब तो हर आहट पर डर लगने लगा है।
मुझे तो ये हादसों का शहर लगने लगा है।
यहां सांस भी लेता हूं तो जैसे दम घुटता है।
घुला सा हवाओं में ही जहर लगने लगा है।
वादियां उजाड़ कर बसाई गई है बस्तियां।
शायद यही कुदरत का कहर लगने लगा है।

“इंसान बचा रह जाने दो”

जिद से अपनी कर दी तबाह ये सारी जमीं।

अब मगर ये आसमान बचा रह जाने दो।

बसाकर झूठ और फरेब की ये बस्तियां।

दिल में ही थोड़ा ईमान बचा रह जाने दो।

बहुत बदल गई है तस्वीर मेरे गांव की।

मेरी यादों का वो दलान बचा रह जाने दो।

न खिलौने रह गये अब न वो खेल पुराने।

यादों में सही वो सामान बचा रह जाने दो।

हमने देखे हैं चमचमाते हर शहर तुम्हारे।

महफूज मेरे बगीचे मेरा बागबान रह जाने दो।

बहुत हो चुके जीवंत मजहबों के मसले यहां।

इंसानों की दुनिया में इंसान बचा रह जाने दो।

“बस इतना बता दे”

जाऊं कहां मैं जिंदगी बस इतना बता दे।
हसरतों की हद ख्वाहिशों का दायरा बता दे।
ये द्वंद है मेरी जिद का खुद तकदीर से अपने।
क्या है मेरी हस्ती तू ही अपना फैसला बता दे।
मेरे वजूद की तेरी हर आजमाइश मंजूर है मुझे।
मुनासिब है इंतहानों का दौर, तू इंतहा बता दे।
मेरी निगाहों में है जो, वो मेरी मंजिल न सही।
क्या है मेरी मंजिल, मेरा कुछ तो पता बता दे।
सुना है सजदे में उस खुदा के कुबूल हर दुआ है।
अब वो अगर खुदा नहीं तो कहां है खुदा बता दे।

“मुनासिब नहीं”

जो जंग है जिंदगी तो जंग से डरना मुनासिब नहीं।
जीना है मरने से पहले,जीते जी मरना मुनासिब नहीं।
लोग करते हैं तमाम वादे साथ जीने मरने के यहां।
फिर करके वादा कोई, वादे से मुकरना मुनासिब नहीं।
बसा लेते हैं दिल में लोग अक्सर, वफाएं करके देखो।
दिल में बस कर यूं दिल से उतरना मुनासिब नहीं।
तुम बिखर जाओ वादी - ए - चमन में खुशबू की तरह।
यूं पतझड़ में पत्ते की तरह बिखरना मुनासिब नहीं।

संवर जाओ बनके मुस्कुराहट किसी मासूम चेहरे पर।
किसी की आंख में बनके आंसू संवरना मुनासिब नहीं।
लूट कर जमाने को जो खरीदते हैं उधार की खुशियां।
मगर जानता है जमाना ऐसा करना मुनासिब नहीं।
छोड़कर दामन तेरा जब कोई बसा ले अलग दुनिया।
मशवरा है मेरा उसकी गलियों से गुजरना मुनासिब नहीं।।

"हम और हमारे नेता"

अभी तो बस दास्तान है सारे जमाने की।
मैं अपने दर्द की कहानी फिर सुनाऊंगा।
अभी तो छलकती है बेबसी हर आंख से।
मैं अपनी आंख का पानी फिर सुनाऊंगा।
संभल जाओगे तो संवर जायेगा मुकद्दर।
अब तलक की नादानी फिर सुनाऊंगा।
पहनकर खादी जो आज बने हैं मसीहा।
अपने शहीदों की जवानी फिर सुनाऊंगा।
खोलो अपनी आंखें और पहचान लो इन्हें।
इनकी सारी कारस्तानी फिर सुनाऊंगा।
सफेद लिबास में कितने काले है कारनामे।
इनकी वह सारी मनमानी फिर सुनाऊंगा।
अभी जरूरत है दुआओं और दवाओं की।
जो जरूरी है बिजली- पानी फिर सुनाऊंगा।

"ये नजरिया छोड़ दो"

उठा दो ऊंची दीवारें मगर इतना छोड़ दो।
कभी वह आना चाहे तो रास्ता छोड़ दो।
अब तो बस मतलब से मिलते हैं लोग यहां।
जो अगर मन न मिले तो मिलना छोड़ दो।
सुना है अपने बिना कहे ही समझ जाते हैं।
जो तुझे न समझे उससे कहना छोड़ दो।
यूं करीब होकर भी जो तुझे समझ न पाया।
जाने दो उसे रोज खत लिखना छोड़ दो।
खामोशियों में उसे अगर सुकून मिलने लगे।
मुनासिब है रिश्तों में जरा फासला छोड़ दो।
जो रूठा है उससे वह मान भी तो जायेगा।
तुम तो ये मसला उनके दरमियां छोड़ दो।
एक तुम्हारे चाहने से सब मुनासिब तो नहीं।
हो सके तो अब ये गलतफहमियां छोड़ दो।
रिश्ते निभाने हैं तो जरा शिद्दत से निभाओ।
खूबियां छोड़ दो किसी की खामियां छोड़ दो।
जोर से पकड़ोगे तो रेत सा फिसल जायेगा।
यूं अपनों पर इस कदर ये पाबंदियां छोड़ दो।
देखने का नजरिया है सबका अपना - अपना।
बस दूसरों के नजरिये से तुम देखना छोड़ दो।

“पसीना और लहू”

मौका तो दो हमें हम भी मर्तबा रखते हैं।
हाशिये पर खड़े हैं मगर हौसला रखते हैं।
जमीं पर है कदम मगर आसमां झुका दें।
हम हाथों में हुनर दिल में जज्बा रखते हैं।
तुम मजहबों पर क्यों करते हो सियासत।
हम बंदे तो अपने दिलों में खुदा रखते हैं।
अब न डराओ हमें इन मौसमी हवाओं से।
हम तो अपनी हर सांस में तूफां रखते हैं।
रोशन रातों में सजती है महफिले तुम्हारी।
हम गलियों में एक चिराग जला रखते हैं।
दौलत के शहरों में ये गैरत कहां मिलती है।
हम तो मुफलिसी में भी इसे जिंदा रखते हैं।
न तुम सा रसूख है और न ही हस्ती हमारी।
इंसान हैं हम इंसानियत से वास्ता रखते हैं।
ये जिंदगी रोज बस एक जंग सी लगती है।
हम तो मौत की बांधकर पगड़िया रखते हैं।
खेतों में किसान हम हैं सरहद पर सिपाही।
कभी अपना पसीना कभी लहू बहा रखते हैं।

“मैं कोशिश करता”

जीने का जुनूं है जिसे वो खुदकुशी नहीं करता।
जो दर्द लिखता है वो कभी शायरी नहीं करता।
यूं याद करके जिसे भर आये तेरी आंखे अक्सर।
अपना ही होगा कोई ऐसा अजनबी नहीं करता।
काबिले तारीफ है यहां बस हौसला जुगनूओं का।
अंधेरों से डर जाये तो चिराग रोशनी नहीं करता।
यकीं हो तो करो सिद्दत से सजदे उसकी दर पे।
वो अपने बंदो की दुआएं अनसुनी नहीं करता।
मुमकिन है यार पर ऐतबार हो खुद ज्यादा हमें।
जब वो ही बदल जाये तो दिल यकीं नहीं करता।
शायद खुद से ज्यादा मोहब्बत होगी इस मिट्टी से।
वरना वतन पर कोई फना यूं जिंदगी नहीं करता।
अगर वफाएं न तय करती कभी वजूद रिश्तों का।
बस यहां लहू के रिश्ते होते कोई दोस्ती नहीं करता।
जो जायज न होती दोस्त तेरी नाराजगी इस कदर।
मैं मनाने की कोशिश करता मगर इतनी नहीं करता।

“खाली रह गया”

जमीं खाली रह गई आसमा खाली रह गया।
न पूछो जिंदगी में ये कितना खाली रह गया।
कभी लिखने बैठे जो हासिल इस सफर का।
किताबे - जिंदगी का हर पन्ना खाली रह गया।
दुनिया के नजारों में तलाश अपने मुकाम की।
मंजिले न मिली कभी रास्ता खाली रह गया।
अंजाम से बेखबर निकले समंदर के सफ़र में।
कश्ती भी न बची बस किनारा खाली रह गया।
ताउम्र चलता रहा ऐ मंजिल बस तेरी जानिब।
तू भी हासिल न हुई फासला खाली रह गया।
मुमकिन हर कोशिश भी करके जो देखी हमने।
रोशनी न बची आंखों में चश्मा खाली रह गया।
रहा बरकरार तेरे जाने का खालीपन इस कदर।
कल जितना था आज भी उतना खाली रह गया।
लिखता आज भी हूं मैं शिद्दत से जमाने के लिये।
फिर भी गजल का हर एक मिसिरा खाली रह गया।
माना इस जमाने में लोग यूं भी मुखातिब होते रहे।
एक कोना जो खाली था तेरे बिना खाली रह गया।

“बंद गलियों से आगे”

क्यों छोटी-छोटी बातों पर इतना गुस्सा रहता है।
सब कहते हैं हंसना-हंसाना तो अच्छा रहता है।
बैठ किनारों पर लहरों से कब तक घबराना।
इस जीवन में अब इतना सब तो चलता रहता है।
यूं भी न सुना करो तुम दुनियाभर की बातों को।
कभी-कभी बहरा हो जाना भी अच्छा रहता है।
नहीं मुनासिब ये मायूसी दुनिया की सब बातों से।
फिजूल है सारी बातें कहने दो जो कहता रहता है।
चीर अंधेरों को फिर चमकेगा उम्मीदों का सूरज।
वक्त का चलता पहिया आखिर कब ठहरा रहता है।
निकलो इस उलझन से बाहर आगे बढ़ कर देखो।
अक्सर बंद गलियों से आगे भी एक रस्ता रहता है।

"लम्हें उम्र भर नहीं मिलते"

कभी बाहर नहीं मिलते कभी भीतर नहीं मिलते।

जिन्हें हम ढूंढते रहे वो हमें अक्सर नहीं मिलते।

एक पहेली सी लगती है ये जिंदगी भी कभी-कभी।

छूट जाते हैं यहां सारे प्रश्नों के उत्तर नहीं मिलते।

सियासत की जमीं पर बस है मजहबों की लड़ाई।

मस्जिदों में खुदा और मंदिरों में ईश्वर नहीं मिलते।

बिना जिये गुजार दिये जो तमाम लम्हें जिंदगी के।

अब खयाल आया के वो लम्हें उम्रभर नहीं मिलते।

मजबूरियों का दरिया बहता रहा रिश्तों के दरमियां।

मगर, तुम इधर नहीं मिलते हम उधर नहीं मिलते।

“मेरा किरदार”

जिंदगी के तमाशे में बड़ा अजीब मेरा किरदार रहा।
खुद ही मुंसिफ रहा अपना मैं खुद ही गुनहगार रहा।
मेरी हकीकत को बस फसाना समझता रहा जमाना।
मैं यूं ही तन्हा वहां भी रहा जहां आलम बेशुमार रहा।
हाकिमों ने न जाने क्या लिखा तकदीर की लकीरों में।
मेरी तमाम दलीलों का असर भी उन पर नागवांर रहा।
जाने क्यों मगर अब एक चिराग सी हो गई ये जिंदगी।
मैंने ही दी रोशनी हर बार मैं ही अंधेरे में हर बार रहा।
सुना था हमने जमाने में चलती है बादशाहत वक्त की।
मैं वो बादशाह था जिसे अपने वक्त का इंतजार रहा।

“बदनाम करदे कोई”

मेरी हर सुबह को शाम करदे कोई।

बस मेरा इतना इंतजाम करदे कोई।

खुल गये हैं ताले मधुशालओं के।

पीने वालों को पैगाम कर दे कोई।

चंद पैमानों से कैसे बुछेगी ये प्यास।

अब तो समंदर को जाम कर दे कोई।

होश में जो गुजरी वो तबीयत न पूछो।

हर कतरे में नशा तमाम कर दे कोई।

करे कोशिश जिंदगी होश में लाने की।

तो वो हर कोशिश नाकाम कर दे कोई।

बहुत हो चुकी झूठी शराफत की बातें।

सोचता हूं मुझे भी बदनाम करदे कोई।

"मां"

असर कोई दुआ नहीं करती कोई दवा नहीं करती।
मिन्नतें मेरी खातिर जब तलक मेरी मां नहीं करती।
याद है मुझे रात भर जागकर बस करवटें बदलना।
नींद न आती जब तक आंचल से हवा नहीं करती।
जानता हूं मैं थक जाती थी दिनभर भागते दौड़ते हुये।
मगर कभी घर में वो किसी से कुछ कहा नहीं करती।
आज भी उसके नूर से रोशन है तमाम महफिले तेरी।
मुकम्मल उजाले किसी घर में कभी शमां नहीं करती।
हमेशा महफूज रखना अपने सर इन दरख्तों के साये।
तमाम उम्र उम्मीदों की ये छांव कहीं रहा नहीं करती।
नसीबवालों को मिलती है जिंदगी उसके कदमों तले।
'जीवंत' ये वो जन्नत है जो सभी को मिला नहीं करती।

"माँ नही कहती"

बेवजह तुझे कभी कुछ मां नहीं कहती।
वो गुस्से में भी हो तो बुरा नहीं कहती।
वही है जो समझती है हर बात दिल की।
मगर किसी से दर्द अपना नहीं कहती।
वो जो भी कहे गौर से सुनना हर बात।
वो बस सच कहती है झूठा नहीं कहती।

"हर बात ठहर गई"

शुरू हुई थी जो जहां वही हर बात ठहर गई।
मेरी सुबह आने से पहले ही रात ठहर गई।
लगाया था बगीचा होके सावन से वाकिफ।
मेरे आंगन में आने से पहले बरसात ठहर गई।
मुमकिन था मिलके दूर होते सारे शिकवे-गिले।
मगर जरा फासले पर वो मुलाकात ठहर गई।

"जानें दो"

गुजर गया जो वक्त उसे गुजर जाने दो।
यादों के मोती इन आंखों में संवर जाने दो।
घरौंदा सजाया था मैंने बस उसी की खातिर।
वो जो नहीं आता इसे टूट कर बिखर जाने दो।
वो तोड़ कर चला आयेगा हदें-बंदिसे सारी।
उसे जरा मेरे इंतजार की खबर जाने दो।
बहुत मुमकिन है ऐहसास हो जाये वफाओं का।
उसकी आंखों से पर्दा फरेब का उतर जाने दो।

“जीने की मजबूरियां”

यूं रातें गुजर रही थी उसकी मगर नींद न थी।
दिन के उजालों से भी उसे कोई उम्मीद न थी।
वो जिये जा रहा था बस जीने की मजबूरी में।
जिंदगी शायद उसके इतनी भी मुफीद न थी।

“बीज से वृक्ष”

प्रेम ही जगत में सदा प्रेम का प्रमाण होता है।
श्रद्धा न हो तो मंदिर में भी बस पाषाण होता है।
ये शक्ति है भक्ति की जो हर सर झुका देती है।
वरना पत्थर में भी भला कहीं प्राण होता है।
मूल में ही छिपा है सार सकल संसार का सदा।
एक बीज से ही विशाल वृक्ष का निर्माण होता है।

“जिंदगी तू गले लगा ले जरा”

आज मेरा दिल बहुत है परेशान,जिंदगी तू गले लगा ले जरा।

मैं जैसा भी हूं मगर दिल है इंसान,जिंदगी तू गले लगा ले जरा।

यूं तो रोज जख्म मिलते रहे और रोज जख्म भरते रहे मगर।

अब भी बाकी है कई निशान,जिंदगी तू गले लगा ले जरा।

दुनिया की महफिलों में रिश्तों की भीड़ है कितनी फिर भी।

तनहाइयां लगती है खाली मकान,जिंदगी तू गले लगा ले जरा।

गुजर कर कितने ही सैलाबों से हम आज आये हैं यहां तलक।

बाकी अब है भी कई इम्तिहान,जिंदगी तू गले लगा ले जरा।

जिंदगी में जब आई बहारों से सब चुन ले गये कलियां तमाम।

तन्हा ही रह गया तन्हा बागवान, जिंदगी तू गले लगा ले जरा।

हकीकत है सारे फासले जो है ये तेरे मेरे दरमियां फिर भी।

दूर मिलते हैं जमीं - आसमान,जिंदगी तू गले लगा ले जरा।

उजाले की उम्मीद में कैसे अंधेरों से लड़ता रहा वो चिराग।

हम सुनाएंगे फिर सारी दास्तान,जिंदगी तू गले लगा ले जरा।

वक्त के समंदर में डूब जाती हैं होकर गुमनाम कई कश्तियां।

'जीवंत'अपनी तो पुरानी पहचान,जिंदगी तू गले लगा ले जरा।

"हिंदूस्तान लिखा हो"

हिंदू लिखा हो अब न मुसलमान लिखा हो।
यहां सब के माथे पर बस इंसान लिखा हो।
ईमान नहीं मिलता सियासत की किताबों में।
कोई तो पढ़ाये सबक जिसमें ईमान लिखा हो।
नफरतों के खंजर से बहुत हो गई तबाही,अब।
बने फेहरिस्त जिसमें अमन का सामान लिखा हो।
नई रोशनाई से लिखें, आओ एक मजहब नया।
जिसमें सबका मजहब बस हिंदुस्तान लिखा हो।

"तू भी है"

चलो बांट ले हम अपना दर्द थोड़ा-थोड़ा।
आदत से बीमार मैं भी हूं बीमार तू भी है।
बनके हाकिम यूं भी न किया कर फैसले।
कई निगाहों में जमाने की गुनहगार तू भी है।
तकदीर का लिखा सब मुनासिब तो नहीं।
फैसलों का शिकार मैं भी हूं शिकार तू भी है।
अजीब कशमकश के तुझसे रहम मांगता हूं।
मुमकिन है मेरे कातिलों में शुमार तू भी है।

"वक्त के मंजर में"

दोष तो रहा बस अपने वक्त का दोस्तों वरना।

मासूम निकला वो कातिल भी वो खंजर भी।

वक्त की लहरों में जो अगर तैरना न आया।

हमें यहां डूबा देते हैं दरिया भी ये समंदर भी।

वक्त था तो शमशीर के साये में रहा जमाना।

एक दिन इसी वक्त से हार गया सिकंदर भी।

यूं तो तमाम उम्र था पथरीले रास्तों का सफ़र।

वक्त बदला तो फूल बन गये रास्ते के पत्थर भी।

हैरत कुछ भी तो नहीं यहां वक्त के तमाशे में।

बाकी अभी कारनामे और भी वक्त के मंजर में।

"मोहब्बत है"

कल, आज और कल मोहब्बत है।

जीवन का हर एक पल मोहब्बत है।

जो तेरी यादों में लिख डाली मैंने।

वो खूबसूरत गजल मोहब्बत है।

ख्वाबों के मोती जब पत्थर पर उतरे।

संगमरमर का ताजमहल मोहब्बत है।

“प्रश्नों के उत्तर”

जाने किसने प्रश्नों के उत्तर लिखे हैं।

फूलों की किस्मत में पत्थर लिखे हैं।

सल्तनत में मेरी अब सियासत तो देखो।

हाकिमों ने कैसे बंदो के मुकद्दर लिखे हैं।

जायज है जंग में हार जाना भी कभी।

मगर जंग ही क्यों हर पहर लिखे हैं।

हौसला था कि मंजिलें मिलेंगी जरूर।

जाने मुकद्दर में कितने मगर लिखे हैं।

तन्हाइयों के सफर में दरख़्त मिले न परिंदे।

मेरी राहों में वीराने सब शहर लिखें हैं।

काश कोई तो देता गवाही अपने वजूद की।

कातिलों की कलम से झुके सारे सर लिखे हैं।

“सीने में हिंदुस्तान”

जमाने की भीड़ में एक कोना वीरान बना रखा है।
गुजरने को शामें-जिंदगी एक मकान बना रखा है।
मेरी ज़िद और जरूरतों में जद्दोजहद रही तमाम उम्र।
उसूलों की बिनाह पर जिंदगी को इम्तहान बना रखा है।
बनके फकीर तकदीर से कहीं मैं ज्यादा न मांग लाऊं।
हूं उसकी दर पर मगर झोली में निशान बना रखा है।
करके सजदे इबादत में मांगता हूं सबकी खैरो - खबर।
अमन मेरा मजहब,मैंने सीने में हिंदुस्तान बना रखा है।

“शामें -शनिवार”

हर रोज बेलगाम भागती दौड़ती-जिंदगी इस कदर।
बस तुझसे मिलके लगता है, मेरे सुकून का इंतजार तू।
बाकी तो हर दिन उम्र कटती रही दफ्तर की फाइलों में।
फिर हफ्ते में एक दिन बन के आती है शामें-शनिवार तू।
जागकर कटती है ये जिंदगी जीने की ज़िद में जरा सी।
कभी थककर देर से उठने की मेरी तमन्ना का इतवार तू।
जिम्मेदारियों के बोझ से जो रोज टूटती रही थोड़ी-थोड़ी।
बची रह गई जो बचपन की वो चंद ख्वाहिशें बेशुमार तू।
मैं इन पथरीले रास्तों पर लड़खड़ा कर गिरा हूं कई बार।
उम्मीद बनकर 'जीवंत' मुझे गले लगाती रही हरबार तू।

“किरदार निभाकर जाऊँगा”

जो हर बार निभाया है हमने।
फिर इस बार निभा कर जाऊंगा।
हर रंगमंच पर इस जीवन के मैं।
अपना किरदार निभा कर जाऊंगा।
ऐ वक्त इजाजत दे इतना बस।
हमको हर कर्ज चुकाना आता है।
मां से, मिट्टी से या महबूबा से।
मैं सबसे प्यार निभा कर जाऊंगा।
हर रंगमंच पर इस जीवन के मैं।
अपना किरदार निभा कर जाऊंगा।
कुरुक्षेत्र अपने रिश्तों का जीवन में।
जब भी अपनी कर्मभूमि बन जाये।
तुमको मुबारक हो वो जीत तुम्हारी।
मैं अपनी हार निभा कर जाऊंगा।
हर रंगमंच पर इस जीवन के मैं।
अपना किरदार निभा कर जाऊंगा।

“शक”

इस बात का शक मुझे जरा न था।
वो मेरे पास तो था पर मेरा न था।
मैं उसका था और वो जाने किसी और का।
मगर ये किसी ने किसी से कहा न था।
फिदा थे सब जो एक मासूमियत पर उसकी।
कुसूर चाहतों का था पर उसका न था।
जब टूटकर बिखरा तो उसे खबर भी न हुई।
दिल तो बस दिल था कोई शीशा न था।
देखता मेरे जख्मों को तो तड़पता वो भी शायद।
प्यार में कोई पत्थर भी हो पर वो ऐसा न था।
मुकम्मल मंजिले ही नहीं अंजाम हर सफर का।
वो मजबूर तो था शायद, पर बेवफा न था।
यकीनन मेरी एक आवाज पर वो लौट आता।
बस खामोश मेरे अल्फाज उसने सुना न था।
उसने जो मांगा मिल जाता इस जमाने में उसे।
अफसोस मेरी दुआओं में असर इतना न था।
मुश्किल है वफाओं का सिला वफाओं से।
मैं चाहतों का फकीर था कोई खुदा न था।

“आबाद ये बस्ती ये शहर तुमसे”

जिंदगी की खैरो-खबर तुमसे।
है मुनासिब मेरा हर सफर तुमसे।
मिले तुम तो हुई मुकम्मल मंजिलें।
दिल के दरिया को मिला समंदर तुमसे।
वीरान कटती रही ये खड़हर सी जिंदगी।
वही मलबे बन गये हैं आज घर तुमसे।
मैं रास्तों का तन्हा इंतजार तमाम उम्र।
आज आबाद ये बस्ती ये शहर तुमसे।

“टूट जाती है शय”

न झुकाओ सर सजदे में जो इबादत न हो।
फूल भी है फिजूल अगर मोहब्बत न हो।
जो गुजरो उधर से तो कर लो दुआ-सलाम।
मगर कभी ठहरो नहीं जहां इजाजत न हो।
तुझे तेरी रजा मुबारक और मुझे यकीन मेरा।
दलों में तो ठीक मगर दिलों में सियासत न हो।
तुम संभाल कर रखना ये सारे रिश्तों के नगीने।
टूट जाती है हर शय जिसकी हिफाजत न हो।

(उसूलों पर चलकर हारना भी फरेब की जीत से बड़ा सुकून देता है।)

“यूक्रेन सी जिंदगी”

हजार ख्वाहिशों के जंगल में रोज यहां।
तन्हा भटकती है ये बेचैन सी जिंदगी।
रात ख्वाबों में बिखरे उजाले हर ओर।
मगर हकीकत में लगती है रैन सी जिंदगी।
वक्त खड़ा रहता जैसे हमेशा रूस बन कर।
और 'जीवंत' कट रही है यूक्रेन सी जिंदगी।

जिंदगी रोज इम्तिहान सी है

चेहरे पर मेरे ये जो जरा मुस्कान सी है।
क्योंकि आज फिर बहुत थकान सी है।
तुमको पाने की खातिर तो सब गुम गया।
तुम्हारी फेहरिस्त में नाम ही मेरी पहचान सी है।
मुमकिन तो नहीं मुनासिब ही गुजरे दौर जिंदगी का।
इम्तिहान लेती है ये जिंदगी रोज इम्तिहान सी है।

(सफलता का मंत्र सदैव संयम होता है षड्यंत्र नहीं।)

“उम्मीद–ए–वफा”

छुपा कर जख्म दर्द आंखों से बयां करता है।

बेगैरत इस जमाने से उम्मीद-ए-वफ़ा करता है।

लोग देते हैं क्या तालियों और गालियों के सिवा।

संभल जा अब तो नादान तू ये क्या करता है।

जमाना तो रहा है तमाशबीन हर दौर में यहां।

कुछ कहा करता है कभी कुछ सुना करता है।

तू जब भी जिक्र करेगा मजबूरियों का अपनी।

ये अक्सर तेरी मजबूरियों पर हंसा करता है।

ठुकरा देता है अक्सर मुफलिसों को जमाना।

जो चंद नामचीनों की ठोकरो पर चला करता है।

“कण-कण में राम यहां”

हर नगरी है हरि की नगरी।

और हर नगरी है धाम यहां।

कंकड़ -कंकड़ शंकर बसते।

कण -कण में है राम यहां।

भाव भक्ति यहां हिय स्पंदन।

धूप-दीप सुबह शाम यहां ।

हर आंगन है मन का मंदिर।

नैना प्रभु सूरत अभिराम यहां।

जाप निरंतर ओम-आरती का।

घर-घर गूंजे आठो याम यहां।

नर जाये तर भव-सागर से।

सत्य-शिव-सुंदर शुभनाम यहां।

हर नगरी हरि की नगरी।

हर नगरी है धाम यहां।

कंकड़ -कंकड़ शंकर बसते ।

कण -कण में है राम यहां।

कण- कण में है राम यहां।

“बातें तो होंगी”

बातों का है नाता तुमसे बातें तो होंगी।
उतरे चांद आंगन मेरे वो रातें तो होंगी।
एक ही रस्ता एक ही है मंजिल अपनी।
वाजिब इस रस्ते में मुलाकातें तो होंगी।
आस के बादल नैनो के नील गगन पर।
बनकर इस सावन में बरसातें तो होंगी।
लिखी आसमान पर जो प्रेम कहानी है।
वह पूरी होने को कहीं शुरुआतें तो होंगी।

“जीवन हरबार तुम्हारा है”

जो भी है धन-दौलत मेरी वो सब प्यार तुम्हारा है।
बड़ी फरेबी इस दुनिया में बस ऐतबार तुम्हारा है।
अपनी हद में अपनी जिद में जो कुछ मैंने पाया है।
मेरे सपनों में तुम हो और सपनों का संसार तुम्हारा है।
कर्ज चुकाना है रिश्तों का जो ताउम्र, मुझे मालूम है।
दुनियादारी में बीत रहा दिन बस इतवार तुम्हारा है।
जाने कितनी बार हुआ ऐसा जब गुजरी रातें नींद बिना।
पलभर न झपकी पलकें, आंखों को इंतजार तुम्हारा है।
न ये वक्त है बस में मेरे, न ही है किस्मत मेरी,फिर भी।
जो भी बस में मेरे है उस पर बस अधिकार तुम्हारा है।
न पूछो कितना बीता, जीवन कैसे बीता साथ तुम्हारे।
जितनी बार मिले ये जीवन, जीवन हरबार तुम्हारा है।

बुझे चिरागों सा जला हूँ मैं

समेटकर सपने सब ले गये शहर में।

अब तो गांव का उजड़ा एक मकां हूं मैं।

उम्मीद है बाकी मुझमें न रोशनी जरा भी।

जीवंत हर शाम बुझे चिरागों सा जला हूं मैं।

हद से गुजरना

निकल आये दूर घर से चाहे जितना।

मगर लौट कर लोग घर ही जाते हैं।

नफरत है मोहब्बत से सभी को यहां।

मगर सभी मोहब्बत कर ही जाते हैं।

सबको मालूम है डूब जाएंगे दरिया में।

फिर जाने क्यों दरिया में उतर ही जाते हैं।

मुनासिब नहीं यहां हद से गुजरना, मगर।

मोहब्बत में लोग हद से गुजर ही जाते हैं।

"मशवरा"

न कोई उम्मीद काम आई न हौसला काम आया ।

भीड़ तो थी बेशुमार पर न कोई जरा काम आया ।

अंधेरों में तो खुद अपने साये भी साथ नहीं आते ।

बहुत शुक्रिया ऐ वक्त ये तेरा मशवरा काम आया ।

“बातें, बातों से बढ़कर”

कुछ बातें यूं ही कुछ बातों से बढ़कर।
जो है सारे रिश्ते सारे नातों से बढ़कर।
खुद हारकर जो सबको जीत सिखाता।
वो एक प्रेम है सारे जज्बातों से बढ़कर।
ख्वाबों में पलभर ही तो तुझसे मिलना।
था जाने कितनी मुलाकातों से बढ़कर।
अपनों के धोखे से टूटे मन का कोना।
होता है जाने कितनी रातों से बढ़कर।
तुझे देखकर जो कल आंखों से बरसी।
वह कुछ ही बूंदें हैं बरसातों से बढ़कर।

“हर बात तुम्हारी”

ये चांद तुम्हारा ये रात तुम्हारी।
याद तुम्हारी,हर बात तुम्हारी।
इस जीवन में, मेरा क्या अपना।
हर सांस मेरी है सौगात तुम्हारी।
प्यासे अधरों से कहता है सावन।
बादल भी तेरे, है बरसात तुम्हारी।
वही मुकम्मल मंजिल मेरी,जिसमें।
साथ तुम्हारा है, शुरुआत तुम्हारी।

“साजिश”

जबसे तेरी याद हमसे साजिश करने लगी।
जैसे ये सारी कायनात साजिश करने लगी।
बड़ी प्यास लेकर हम निकले तो थे सावन में।
क्यों ठहर कर बरसात साजिश करने लगी।
बाद मुद्दतों के एक दिन चांद उतरा आंगन मेरे।
फिर हुआ कुछ यूं कि रात साजिश करने लगी।
काश तेरे साथ मुकम्मल मेरा सफर हो जाता।
मगर पहली ही मुलाकात साजिश करने लगी।
वफाएं चाहतों में अपने भी तो कुछ कम न थी।
जाने हुई कैसे कि शुरुआत साजिश करने लगी।
करके तुझ से दो बातें जो एक सुकूं आता मुझे।
फिर हुई वो बात की हर बात साजिश करने लगी।

“थोड़ा बचपन बाकी हो”

माना मुनासिब है तेरा संजीदा रहना।
पर अच्छा है थोड़ा बचपन बाकी हो।
इक उम्र तो जीते आये हम अब तक।
पर अच्छा है थोड़ा जीवन बाकी हो।
मौसम बारिश का और मेरी टूटी छत।
पर ये अच्छा है थोड़ा सावन बाकी हो।
सच में प्यार जरूरत है रिश्तों की, पर।
थोड़ा गुस्सा, थोड़ी अनबन बाकी हो।
वो पागल है क्या जाने प्यार की बातें।
पर प्यार में थोड़ा पागलपन बाकी हो।

“गले तो मिला जाये”

जो दिल में हो कोई गिला तो गिला जाये।
सब छोड़ कर आओ गले तो मिला जाये।
जिंदगी खूबसूरत है रिश्तों के लिबास में।
जहां फटे हो वहां मोहब्बत से सिला जाये।
चाहतों की खुशबू यूं महकती रहे दामन से।
बनके फूल जो एक साख पर खिला जाये।
हाथ पकड़कर जो चलें हम किसी राह पर।
राह कोई हो पर दूर तक ये सिलसिला जाये।

“हिम्मत हारे मत बैठो”

भय त्यागकर प्रयत्न करो तब जीत तुम्हारी होगी।
यूं सीने में मायूसी लेकर तुम हिम्मत हारे मत बैठो।
कश्ती लेकर सागर में उतरो और ले आओ मोती।
तूफानों से संघर्ष करो बस यहीं किनारे मत बैठो।
मन के जीते ही जीत मिलेगी और मन के हारे हार।
मन से ही तो दुनिया जीतोगे तुम मन मारे मत बैठो।
वो तेरे सपनों की मंजिल तुझे मिलेगी एक दिन,पर।
पथपर चलना भी तुझको ही औरों के सहारे मत बैठो।
तेरे संबल का फल है सब जो कुछ तूने अबतक पाया।
सोचो आगे तो होंगे जाने कितने हंसी नजारे मत बैठो।
मिलती जीत यहां उसे जो जाता सब बाधाओं के पार।
भरमाएंगे यूं अटकाएंगे लेकिन तुम द्वारे-द्वारे मत बैठो।

“वक्त के रिश्ते”

दिन बुरे आएंगे दिन भले आएंगे।
ताउम्र यही तो सिलसिले आएंगे।
कांटे भी आएंगे हिस्से में तेरे कभी।
यूं ही कभी फिर फूल खिले आएंगे।
कल जो तुझसे हाथ भी न मिलाते।
वक्त बदलेगा तो मिलने गले आएंगे।
जो छुड़ाकर हाथ उस दिन चले गये।
वो खुद एक दिन लौटकर चले आएंगे।

“कैसे हम पास मिले”

हम तो तुमसे मिल न पाये।

शायद अपने ऐहसास मिले।

दूर से बस नजरें मिलती हैं।

सोचो कैसे हम पास मिले।

ये मुमकिन तो न हो शायद।

फिर भी हम चलकर देखें।

दूर कहीं इन राहों में ही तो।

जाकर धरती आकाश मिले।

सोचो कैसे हम पास मिले।

“हालत ऐसे थे”

बस हर झूठ पर यकीन करना पड़ा, हालात ऐसे थे।

हमें कातिल ही मासूम लगा, उसके जज्बात ऐसे थे।

उसकी रुसवाई मुनासिब न थी, इसलिये खामोश थे।

न हम कभी लाजवाब थे, न उसके सवालात ऐसे थे।

हकीकत की आबरू बच गई, फसाने की आगोश में।

ताल्लुक भी न रखता कोई, उसके ताल्लुकात ऐसे थे।

"कितना छोड़ आये"

न पूछो हमसे क्या कहां छोड़ आये।
जो भी जहां था बस वहां छोड़ आये।
उम्र सी लगी थी जिसको सजाने में।
हम वही किराये का मकां छोड़ आये।
यूं समेटने पर भी टूट जाते हैं कई नाते।
हम रिश्तों के ऐसे कई निशा छोड़ आये।
जरा वाकिफ थे हम बिछड़ने के गम से।
इसलिये फूलों के साथ गमला छोड़ आये।
ये पर निकल आये तो परिंदे उड़ने लगे हैं।
हम बच्चों का सारा खिलौना छोड़ आये।
यादें कहीं हमसे रिश्तों का हिसाब न मांगे।
कई सवालों को हम अनसुना छोड़ आये।
अब तन्हाई रोज सिरहाने बैठकर पूछती है।
बताओ क्या लाये और कितना छोड़ आये।

"इतनी खामोशियां"

जरा मुनासिब है थोड़ी सी बदमाशियां।
अच्छी नहीं रिश्तों में इतनी खामोशियां।
दुनिया भी तो रोज सिमटती जा रही है।
फिर कहां से आती है ये दरारें ये दूरियां।
मुमकिन नहीं अब हाथ पकड़कर चलना।
अपनापन बाकी न रहा रह गई मजबूरियां।
अब तो लोग आवाज पर पलटते भी नहीं।
भला कौन सुनेगा यहां तेरी ये सिसकियां।
हो सके तो आओ लौट चलें हम फिर वहीं।
दायरे जहां कम थे, थी मोहब्बत दरमियां।
अहमियत कुछ भी नहीं जो कमाया है तूने।
जो ये उजाले न होंगे तो न होंगी परछाइयां।
आओ लिखे हम दास्तां फिर उसी दौर की।
जब तन्हाइयों में भी न थी कभी तनहाइयां।

“जद”

लम्हों की है या सदियों की है।
मगर जिंदगी की हद इतनी है।
जी तो रहा है हर आदमी मगर।
जिंदगी की जद्दोजहद इतनी है।
एक सांस से शुरू एक पर खत्म।
जितनी भी है बस सरहद इतनी है।
ज़िद में वो छू आया चांद तारे जो।
हार गया वक्त से कि जद इतनी है।

“हुनर”

ऐ काश जो मेरे पास भी ये हुनर होता।
शायद मेरे साथ भी कुछ बेहतर होता।
मैं खामोश रहता देखकर सब होते हुये।
मेरे सीने में भी ये दिल नहीं पत्थर होता।
ये जो पैमाने छलकते हैं तेरे इशारों पर।
मेरे इशारों पर दरिया होता समंदर होता।
ईमान की खातिर ठुकरा दी हर शय हमने।
मेरी हस्ती, मेरा ओहदा तुमसे ऊपर होता।

“छोंड़ आया”

खौफ छोड़ मैं अंधेरे को खफा छोड़ आया।

मैं नहीं हूं मगर, दिये को जला छोड़ आया।

कुछ परिंदों ने मेरे घर बना रखा था घोंसला।

यूं आते वक्त मैं खिड़कियां खुला छोड़ आया।

तुम्हें क्या तुम याद भी आओगे तो सताओगे।

अब मैं तुम्हारी यादों का काफिला छोड़ आया।

सुना है अपना बनाने वाले अक्सर रुला जाते हैं।

मैं मिलने-मिलाने का वो सिलसिला छोड़ आया।

वादा है मेरे असर से तुम वाकिफ तो रहोगे सदा।

अपनी वफाओं को मैं हवाओं में घुला छोड़ आया।

“सवेरे हुये थे”

कोई रात न थी वो सवेरे हुये थे।

फिर भी उजाले मुंह फेरे हुये थे।

रिश्तों को हमने जितना संभाला।

वो सभी हमसे आंखें तरेरे हुये थे।

हम खुद के भी न रहे तेरे होकर।

सच है खुद से ज्यादा तेरे हुये थे।

“छाव छोड़कर”

धूप में खड़े हैं कब से वो छांव छोड़कर।
यूं तेरे शहर में भटकते हैं गांव छोड़कर।
अब तो किनारे भी जैसे मुंह मोड़े हुये हैं।
हम खुद आये थे भंवर में नाव छोड़कर।
मुमकिन है के, मिले मंजिल ख्वाबों की।
मुनासिब तो न था चलना पांव छोड़कर।
सर पर आसमां है न अब जमीं पांव तले।
जाने क्यों निकले थे अपनी ठांव छोड़कर।

“रहने दो”

बाग उजाड़ कर न बसाओ शहर, रहने दो।
घुल रहा है हवा में कितना जहर, रहने दो।
सुकून जिंदगी में यहां ताउम्र नहीं मिलता।
अब जो मिला है उसे पहर-दो-पहर रहने दो।
खामोश है समंदर मगर फिर भी समंदर है।
न बनाओ तुम उसकी जद में घर, रहने दो।
जो मोड़ तक साथ दे पर मंजिलों तक नहीं।
जीवंत मुनासिब नहीं साथ वो सफर, रहने दो।

“कोई”

जिंदगी की उलझनों को सुलझा दे कोई।
मुझको ऐ काश मुझसे ही मिला दे कोई।
तमाम उम्र भटकता रहा किस तलाश में।
जाने क्या मेरी मंजिल, मेरा पता दे कोई।
चंद कदम पर जो एक मोड़ है हर राह में।
हम जाएं किस ओर बस ये बता दे कोई।
सूखकर समंदर दिखता है रेगिस्तान सा।
इन दरख्तों के जानिब दरिया बहा दे कोई।
होश की आगोश में बस है बेताबियां बड़ी।
सूकूं आ जाएं मयखाने में जो पिला दे कोई।
जो कहते हैं दुनिया भुला देंगे तेरी खातिर।
उसको ही भुला देंगे जो होश में ला दे कोई।
मासूमियत ने मेरी छला है हर मोड़ पर मुझे।
थोड़ा फरेब थोड़ी दुनियादारी सिखा दे कोई।
वो जो हर शख्स में ऐब ढूंढते हैं जमाने का।
कितने दाग हैं चेहरे पर आइना दिखा दे कोई।

"जो मुकद्दर में लिखा होगा"

न ये तेरी मंजिल है न ये तेरा रास्ता होगा।
हो सके तो लौट आ तेरे लिये अच्छा होगा।
रहने दो, चिरागों को आंधियों के दरमियां।
कभी तो जिद और जुनूं का फैसला होगा।
लेकर बेशुमार ख्वाहिशें क्यों शिकवा करें।
होगा वही यहां जो मुकद्दर में लिखा होगा।
जिंदगी की जरूरतें हैं, मगर बस जरा सी।
बाकी यहीं छूट जाता है, तुमने देखा होगा।
यूं न गुजार जिंदगी बस हर घड़ी सोच कर।
तू कुछ न सोच जिंदगी ने सब सोचा होगा।

"जबाब न मिले"

मुकम्मल नींद न मिली कोई ख्वाब न मिले।
यूं कई सवालों के हमें कभी जवाब न मिले।
सांसों का बोझ लिये बस ये उम्र गुजरती रही।
हम जिये कितना, जिंदगी के हिसाब न मिले।
सोचता हूं पढ़ूं कुछ और सबक के जीने लगूं।
मगर वो पढ़ूं तो कहां से कोई किताब न मिले।

"वो इस तरह बदल गये"

चालाकियां थी जाने, मासूमियत उनकी।
जो हमें बदल कर वो इस तरह बदल गये।
हमने तो सोचा सब वक्त -वक्त की बातें हैं।
बस ये वक्त बदला है, वो कहां बदल गये।
अब मुनासिब न था साथ चलना दूर तक।
वो कुछ दूर तो चले फिर रास्ता बदल गये।
हां, मेरे अपनों में तो वो आज भी शुमार हैं।
यूं हमीं न रहे अपने, वो अपना बदल गये।
मुमकिन नहीं कि वो हमें न पहचानते हों।
वो पहचान न पाये हमीं इतना बदल गये।
वक्त पर अक्सर लोग यूं ही बदल जाते हैं।
इसमें क्या बुरा है कि वो जरा बदल गये।

"खुशी बेशुमार"

बस खुश होकर जिया करो जब भी मिले।
दर्दे-जहां में कहां ये खुशी हरबार मिलेगी।
अभी वक्त भी है और बाकी है जिंदगी भी।
कल वक्त मिलेगा न जिंदगी उधार मिलेगी।
गम होते हैं कम बांटकर, खुशियां बढ़ती हैं।
कोशिश करके देखो खुशी बेशुमार मिलेगी।

“तुम”

कभी बात दिल की न पहुंची तुम तलक।

लिखे गुमनाम मेरे तमाम खतों में तुम थे।

ख्वाहिशें हार जाती है मुकद्दर से अक्सर।

मेरी लकीरों में न सही हसरतों में तुम थे।

यूं मिला बहुत कुछ जिसकी आरजू न थी।

रही ताउम्र अधूरी जो मेरी चाहतों में तुम थे।

“बड़ा बना दिया मुझे”

पहले ऐसा नहीं था मुकद्दर ने जैसा बना दिया मुझे।

घर में छोटा था तकाजे वक्त ने बड़ा बना दिया मुझे।

बचपन की अल्हड़ नादानियों से नावाकिफ ही रहा।

कैसे जिम्मेदारियां ने पहले ही जवां बना दिया मुझे।

चलता तो शायद, मैं भी पहुंचता अपनी मंजिल पर।

लोग तो आते जाते रहे सबने रास्ता बना दिया मुझे।

हौसला तो था उतर कर लहरों में मैं पार करता दरिया।

बेबसी की खुद दरिया ने अपना किनारा बना दिया मुझे।

“साये – शजर”

बड़ी तपिश है जब से हम साये शजर से निकले हैं।
कभी तो लौट कर आएंगे आखिर घर से निकले हैं।
यादों की वादियों में अब वो दरख़्त रहे न वो परिंदे।
बड़ा सूना - सूना सा लगा जब हम इधर से निकले हैं।
अब तेरी आदत न हो तो क्या, तेरी याद जाती नहीं।
फिर वही आहट हुई थी कल जब उधर से निकले हैं।
अनजान इस शहर कोई तो अपना रहा होगा कभी।
ये आंखें छलक आई जब भी तेरे शहर से निकले हैं।
क्या बाकी कोई चाहने वाला अब भी है इस गली में।
यूं ही आंखें नम न हुई जब भी उस दर से निकले हैं।
यूं मुकद्दर को कोसने से होगा हासिल कुछ भी नहीं।
बहा जब पसीना पानी के सोते पत्थर से निकले हैं।

"बचपन की बातें"

कल यादों का एक झोंका लाया गुजरे जीवन की बातें।
याद आई भूली-बिसरी कितनी सारी बचपन की बातें।
तब कितना अपनापन था जब हम मिलते थे अपनों से।
गुस्से में भी करते थे सब अपनों से अपनेपन की बातें।
खेल-खिलौने गुड्डे-गुड़िया वो प्यारी सी एक दुनिया थी।
झगड़ा कर फिर गले लगाना, भूल के अनबन की बातें।
चंचल मन संजीदा हो जाता था कैसे मुश्किल आने पर।
मिलजुल कर सुलझा लेते थे हम कैसे उलझन की बातें।
घर-आंगन में रौनक रहती थी दिन रात शरारत करते थे।
वो मौन मुखर हो जाता था सब करते थे चितवन की बातें।
वो पल कितना निश्छल था अपने रिश्तों की अंगनाई में।
नाराज हुये तो राज छुपाये फिर कर लेते थे मन की बातें।
मिलकर हंसते थे मिलकर रोते थे सबसे सबका नाता था।
खैर-खबर सबकी तब चिट्ठी में लिखते थे जन-जन की बातें।

“मुस्कुराने की आदत”

अपने हौसलों से बसा बस्ती जिंदगी की।

हर हाल में जीने की नीयत इजाद कर।

मायूं सियों की वजह बहुत है जमाने में।

तू बस मुस्कुराने की आदत इजाद कर।

बेमोल बिक जायेंगे ये लोग तेरे नाम से।

पहले जरा रिश्तों की दौलत इजाद कर।

तेरे बाद भी होगा तेरा नाम इस जहां में।

तू दिलों में बसने की शोहरत इजाद कर।

पड़ी है तमाम उम्र अब जीने की खातिर।

छोड़ नफरत दिलों में मोहब्बत इजाद कर।

मायूसियों की वजह बहुत है जमाने में।

तू बस मुस्कुराने की आदत इजाद कर।

“नई जंग”

अक्सर लोग कहते हैं कई बातें कहने के लिये।
पर आदमी मजबूर होता है सब सहने के लिये।
सच है बनाने वाले ने कुछ कमीं न की जहां में।
फिर भी कम पड़ जाते हैं आंसू बहने के लिये।
शिकायतें नहीं जो मिला रब से उसका शुक्रिया।
खंडहर सी जिंदगी में कुछ नहीं ढहने के लिये।
जिंदगी तुम्हारी भले कटती हो सुकून से मगर।
हम रोज लड़ते हैं नई जंग जिंदा रहने के लिये।

“आँखों में पानी”

जो न भूले कभी वो ऐसी कहानी दे गया।
ख़ामोश जज्बातों को मेरे रवानी दे गया।
जिंदगी तो कटती रहेगी इसी बिनाह पर।
कि ज़ख्मों को फिर चोट पुरानी दे गया।
हाल मिलेगा न अब मेरा दिल किसी से।
वो हर चेहरे पर अपनी निशानी दे गया।
कौन कहता है उसने मुझे कुछ न दिया।
वो तमाम उम्र इन आंखों में पानी दे गया।

“बस चल रही है जिंदगी”

बढ़ती है उम्र रोज मगर निकल रही है जिंदगी।
बंद मुट्ठी से कैसे रेत सी फिसल रही है जिंदगी।
इन आंखों में बर्फ से जमें कई ख्वाब अब भी।
वक्त की धूप में मोम सी पिघल रही है जिंदगी।
तू साथ था तो जरा आसान था ये सफर मगर।
अब तक बस तेरे नाम पर पल रही है जिंदगी।
नफरतों के दौर में जलते हैं लोग हर खुशी से।
यूं अपनों से ही जलन में जल रही है जिंदगी।
तमाम अंजान रास्ते और उस पर हैं मोड़ कई।
कदम-कदम गिर रही है संभल रही है जिंदगी।
जीने का सलीका न रहा हर सांस जैसे बोझ है।
रोज घुटता है दम यहां बस चल रही है जिंदगी।

“शीशे का टुकड़ा”

तुम क्या जानो इक टूटे शीशे का टुकड़ा होना।
तुम क्या जानो यूं रूठे रिश्तों का बिखरा होना।
अपनों की तो बस बातें ही चुभ जाती हैं इतनी।
फिर गैरजरूरी है, सारे जख्मों का गहरा होना।
कभी-कभी मुश्किल खुद ही हल बन जाती है।
अक्सर देखा है प्यासी आंखों का दरिया होना।

“एक तुम्हारी ख्वाहिश पर”

एक तुम्हारी ख्वाहिश पर दुनिया ठहर जाये।
प्यास हो तुम्हारी और बस दरिया ठहर जाये।
न बदले वक्त, न घूमे धरती न ये चांद सितारे।
अब एक तुम्हारे खातिर क्या-क्या ठहर जाये।
जमाना तो लेगा इम्तिहां यूं ही तेरे हौसले का।
जलते चिराग नहीं कहते कि हवा ठहर जाये।
तुझे खुद चलना होगा जमाने के साथ-साथ।
गैरवाजिब है कि जो जहां है वहां ठहर जाये।
वजूद अपना है सबका साहिल हो के समंदर।
ये कश्ती कैसे तूफानों के दरमियां ठहर जाये।
जिंदगी तो मुखातिब है हरकदम मुश्किलों से।
मुनासिब नहीं मुश्किलों में जिंदगियां ठहर जाये।

“जीवन एक लंबा रस्ता”

जाने कब आयेगी वो मंजिल अपनी।
जाने कितना बाकी अब रस्ता होगा।
हर मुश्किल में मन कहता है तू चल।
आगे कोई आंख बिछाये बैठा होगा।
ये जीवन भी है एक लंबा रस्ता जैसे।
जीना भी तो है जीवनभर चलना जैसे।
सांसें पूरी होने तक हमको जीना होगा।
चाहे टूटें ख्वाब सभी ओझल हो जाये।
फिर तेरी ज़िद से सच तेरा सपना होगा।

“समझौता”

मुनासिब तो नहीं हम यूं खुद को रुसवा करें।
इसलिये आओ आज बैठकर समझौता करें।
दरमियां अपने अब कुछ भी तो बाकी न रहा।
मगर मुनासिब है जमाने के आगे तो पर्दा करें।
वो जायज है तेरी तमाम तल्खियां मुझसे मगर।
गैर वाजिब है अगर हम रिश्तों में कोई सौदा करें।
शीशे ऐतबार के अभी तक टूटकर बिखरे नहीं है।
आओ लगकर गले सारे शिकवे अलविदा करें।

"वक्त इतना नही मिलता"

तू अपने भीतर ही ढूंढ उसे, बाहर कहीं खुदा नहीं मिलता।
बस नीयत चाहिये, सच देखने को कोई चश्मा नहीं मिलता।
वक्त अपना जब तलक अच्छा था यहां सभी अच्छे ही मिले।
बात बुरे वक्त की यही अच्छी, अब कोई अच्छा नहीं मिलता।
खुदगर्ज है सारा जमाना, यहां सबको बस है अपनी ही पड़ीं।
जताते तो हैं सभी अपनापन मगर कोई अपना नहीं मिलता।
ताउम्र न सही उनसे साथ अपने चंद कदम भी न चला गया।
कभी अपनी मंजिल नहीं मिलती यूं कहीं रस्ता नहीं मिलता।
दुनिया की इस भीड़ में किसी से तन्हाई का आलम न पूछ।
जो सब अपने ही मिलते तो यूं हर शख्स तन्हा नहीं मिलता।
कहते हैं वो जख्म अक्सर नहीं भरते जो हों अपनों से मिले।
जख्म मिलता तो है गैरों से भी पर इतना गहरा नहीं मिलता।
बाद मुद्दतों के न जाने कैसे हमको तेरे न होने का यक़ी आया।
समंदर थी जो आंखें इंतजार में अब इनमें कतरा नहीं मिलता।
मुकद्दर की बदइंतजामी यूं जरा सी तो आती है सबके हिस्से।
किसी को प्यास नहीं मिलती, किसी को दरिया नहीं मिलता।
जिंदगी में मिले कोई उसके जैसा तो झट से लगा ले गले हम।
जरा-जरा सा मिलता है हर शख्स मगर कोई पूरा नहीं मिलता।
उसकी यादों से निकलकर कभी उसी से मिलने तक का सफर।
मुमकिन है अगर वक्त मिले भी तो शायद इतना नहीं मिलता।

“रोशनी दे जाये कोई”

थक गये हैं इस संजीदगी से बेखुदी दे जाये कोई।
मुतमईन इन अंधेरों को अब रोशनी दे जाये कोई।
जिंदगी कहके हमें जो चला गया जिंदगी से यूं ही।
हम भला किससे कहें जरा जिंदगी दे जाये कोई।
मुद्दतों की प्यास कैसे बुझे इन अधरों की ज़मीं से।
दूर तक इस सेहरा में काश एक नदी दे जाये कोई।
वो चंद यादें जो तस्वीर की ताबीर थी मेरी आंखों में।
छू ले ऐहसासों को मेरी आंखों में नमीं दे जाये कोई।
सच है यादें सुकूं देती हैं पर यादों से जी भरता नहीं।
हमें गुजरे लम्हों की वही पुरानी सदी दे जाये कोई।

“फासले हैं कितने”

उलझनें हैं कितनी इस जिंदगी के मसले हैं कितने।
हाथ भी कैसे मिलें अब दिलों में फासले हैं कितने।
यूं बिछड़ कर वो मिलता है अक्सर उसी मोड़ पर।
पर गले हमें लगाये भी कैसे दरम्यां गिले हैं कितने।
खाक हो गये वो तमाम वादे जलकर जिस आग में।
किसे खबर आग बुझाने में ये हाथ जले हैं कितने।
बस एक हमारे सिवा उसे ऐतबार है जमाने भर का।
क्या पता अब तलक उसे हमराज़ मिले हैं कितने।
साथ देकर हरबार मंजिलों से जो हम लौटे हैं तन्हा।
लिखे मेरे सफर में तन्हाइयों के काफिले हैं कितने।

“नहीं मिलता”

जिसे ढूंढिये जहां वो वहां अक्सर नहीं मिलता।
घर से निकल कर देखो फिर घर नहीं मिलता।
प्यास बुझाने को यूं तो है एक कतरा ही बहुत।
हर किसी के हिस्से में तो समंदर नहीं मिलता।
जिंदगी में हर शख्स की है अपनी अहमियत।
उसकी जगह कोई उससे बेहतर नहीं मिलता।
यूं मुनासिब है दब के रहें वो सवाल सीने में ही।
ढूंढने से भी जिनका वाजिब उत्तर नहीं मिलता।
तमाम हुनर दफन रह गये मुकद्दर के मलबे में।
उड़ने के तमाम हौसलों को 'पर' नहीं मिलता।
गांव की मिट्टी से आती है मोहब्बत की खुशबू।
शहर की हवाओं में कहीं ये हुनर नहीं मिलता।
होड़ सी लगी है गांव उजाड़ कर शहर बसाने की।
सच तो है बसने लायक कोई शहर नहीं मिलता।

“तू ही जिंदगी नहीं”

शायद हम भी कभी सुधर जाएंगे।
जब तेरी गलियों से गुजर जाएंगे।
तेरी जरूरत थी मगर तू ही जिंदगी नहीं।
ये मत समझना कि तेरे बगैर मर जाएंगे।
गले लगाने को चंद यार तो हैं अभी।
हम जब भी कभी लौट कर जाएंगे।
ऐ वक्त के आईने तेरा बहुत शुक्रिया।
आज कई चेहरे दिल से उतर जाएंगे।
तुमने यकीन रौंदा है, मेरा वजूद नहीं।
हम और महकेंगे अगर बिखर जाएंगे।
हमने मांगना तो कब का छोड़ दिया।
मालूम है लोग सुनकर मुकर जायेंगे।
तमाशा देखा है मगर घर फूंक कर नहीं।
जीवंत जो जिंदा लौटे हैं तो घर जाएंगे।
मेरी जिद है तेरे जुल्म की इंतहा भी देखेंगे।
तू कभी ये न समझना कि हम डर जाएंगे।

“आंखों का पानी”

तमाशा देख कर खुश थे यूं ही।
पर असली कहानी न समझा कोई।
माना लफ्जों पर थी पाबंदियां मगर।
उसकी आंखों का पानी न समझा कोई।
दर्द भी वजह है मुस्कुराने की अक्सर।
उसके चेहरे पर ये निशानी न समझा कोई।

“सच के आईने में”

हर एक तस्वीर जो अब तक जिंदगी लगी।
सच के आइने में वो कितनी अजनबी लगी।
यहां सही और ग़लत भी कुछ होता है क्या।
जिसने जो जैसे देखा उसको बात वही लगी।
जरूरी तो नहीं कि हर आदमी भला निकले।
भले ही तुमको उसकी हर बात भली लगी।
खूब याद है हमें कई बार गुजरे थे उधर से।
मगर न जाने क्यों आज बंद वो गली लगी।
लोग तो बस एक पल में छोड़ जाते हैं साथ।
वही जिनको भुलाने में हमें एक सदी लगी।
तुम पूछते हो दिल में मुकाम उस शख्स का।
यूं जिसे देखकर ही इन आंखों से झड़ी लगी।
मुनासिब है हर बात जुबां से बयां हो न पाये।
जाने बात कितनी थी और तुम्हें कितनी लगी।

“इंसान में इंसान बाकी रहे”

दूरियों में नजदीकियों का इत्मीनान बाकी रहे।
नफ़रतों के दरम्यां चाहतों के निशान बाकी रहे।
सब चले जाएंगे तो यहां फिर अंधेरा हो जायेगा।
उजालों की खातिर कोई तो मेहमान बाकी रहे।
बोझिल हो जायेगी जिंदगी जो यूं ही चलती रही।
जी भरके जीने को आखिरी इंम्तहान बाकी रहे।
किनारे बैठकर मचलती लहरों को क्या देखना।
कश्ती हो जब दरिया में जरा तूफान बाकी रहे।
मज़हबों के बिनाह हमने यूं क्या कुछ नहीं बांटा।
गुज़ारिश है हमारे दिलों तो हिंदोस्तान बाकी रहे।
मुमकिन तो नहीं जीना तेरे बसाये इस शहर में।
बहुत मुनासिब है ये खेत-खलिहान बाकी रहे।
दफन ख्वाबों की इमारत सियासत के मलबे में।
इतना ही चाहता हूं मैं इंसान में इंसान बाकी रहे।

“कौन लिखेगा”

जलती आग को भला पानी कौन लिखेगा।
मेरे अश्कों की सारी कहानी कौन लिखेगा।
चोट खाकर भी हम जो दर्द लिख न सके।
भला उस दर्द को मुंहजुबानी कौन लिखेगा।
बचपन की शरारतें कहीं साजिशें बन जाएं।
यूं तुम्हारी नीयत को नादानी कौन लिखेगा।
वो मचलती लहरों के गवाह तो बने थे सभी।
यूं सूखते इस दरिया में रवानी कौन लिखेगा।
न वो दौर रहा अब न रहे उस दौर के वो लोग।
गांव की बैठक में शाम सुहानी कौन लिखेगा।
काजल का टीका जो गालों पे लगाती थी मां।
मां तेरी दुआओं की वो निशानी कौन लिखेगा।
दौलत के नशें में रिश्तों की कद्र है किसे यहां।
बस चार दिन की है ये जिंदगानी कौन लिखेगा।

“क्या कहानी क्या फसाना”

जिंदगी क्या जमाना क्या।
कहानी क्या फसाना क्या।
सच तो बस सच ही रहेगा।
सच को भला छुपाना क्या।
उस्तादी में तीर निशाने पर।
चूक जाये वो निशाना क्या।
ये तेरी जीत थी मेरी हार है।
अब इसमें भला बहाना क्या।
यारी तो रहमत है उस रब की।
यारों से बढ़कर नजराना क्या।
मुश्किल ही जब महफिल है।
यूं मुश्किल से घबराना क्या।
अपने हैं तो दर्द समझते होंगे।
गैरों को जख्म दिखाना क्या।
मेरे दर्द हैं ये बिसरे गीत नहीं।
हर महफिल में दोहराना क्या।
पीने की आदत जब छूट चुकी।
उन गलियों में फिर जाना क्या।
नशा जिंदगी का करके देखो।
फिर मय क्या मयखाना क्या।

“जय हो”

बाधाओं का न किंचित भय हो।

यूं संघर्षों से जब तेरा परिचय हो।

उचित नहीं विचलित हों बातों से।

जीत सुनिश्चित है यदि निश्चय हो।

जनम लिया है वीरों की माटी में।

जय हो तेरी जय हो बस जय हो।

“जख्म दिखाने चले हो”

क्यों खुद ही अपनी हंसी उड़ाने चले हो।

नादान हो दर्द दुनिया को बताने चले हो।

इसी भीड़ से खंजर भी मारा है किसी ने।

तुम जख्म अपना जिसे दिखाने चले हो।

ख्वाबों को तोड़कर यूं मुस्कुराते हैं लोग।

तुम जिन कंधों पर आंसू बहाने चले हो।

इस शहर में लोग अपनों से नहीं मिलते।

एक तुम हो गैरों को गले लगाने चले हो।

“हिंदूस्तान लिखा हो”

हिंदू लिखा हो चेहरे पे न मुसलमान लिखा हो।
जहां इंसान के मजहब में बस इंसान लिखा हो।
सियासत ने तो समंदर को भी कतरा बना दिया।
वो चाहते हैं दरिया का भी खानदान लिखा हो।
वाजिब है एक नई पहचान लिखी जाये सबकी।
मुल्क को मुकद्दर अब नीयत में ईमान लिखा हो।
छोड़ तेरे रंजिश की तालीम हम पढ़े वो किताब।
'जीवंत' जिसके हर पन्ने पर हिंदुस्तान लिखा हो।

“सूरज क्यो उतर कर आए”

तुम्हें खुद मुहब्बत रूह से होनी चाहिये।
कोई तुम्हारे लिये क्यों संवर कर आये।
रोशनी चाहिये तो खुद उजाले में चलो।
तुम्हारे लिये सूरज क्यों उतर कर आये।
चाहिये मंजिल तो तेज कदमों से चलो।
तुम्हारे लिये 'वक्त' क्यों ठहर कर आये।
रिश्तों के फूल यूं शाखों पर मंहकने दो।
ये खुश्बू दामन में क्यों बिखर कर आये।
हो सके तो रोक लो उसे जो जा रहा है।
'जीवंत' तुम्हे याद क्यों गुज़र कर आये।

"खबरदार कर दो"

खबर कर दो चाहे तो खबरदार कर दो।
आज इस जमाने को होशियार कर दो।
जो चुभता सच उन्हें अगर तो चुभने दो।
तुम जरा और तेज अपनी धार कर दो।
इतिहास बदला है अक्सर हम जैसों ने।
वक्त है यही लेखनी को तलवार कर दो।
कश्ती बिना भी तो पार होते हैं दरिया।
उठो किनारे से और दरिया पार कर दो।
ये जंग जारी रहेगी दिये की तूफानों से।
रखो हौसला तूफां को पतवार कर दो।
कहते हैं जुल्म सहते रहने से बढ़ता है।
आवाज उठाओ आज इनकार कर दो।
ऐसे तो बात उन कानों तक न पहुंचेगी।
ऐसा करो तुम खुलके इश्तिहार कर दो।
सुना है सच की फेहरिस्त बहुत छोटी है।
जीवंत नाम हमारा उसमें शुमार कर दो।
सदियों तलक रहा है, एक दौर तुम्हारा।
अब वक्त बदलेगा वक्त से करार कर दो।

"शायद"

काश कहीं बेहतर मिल जाये शायद।
मेरे प्रश्नों का उत्तर मिल जाये शायद।
अपने ख्वाबों की मूरत गढ़ लूं जिससे।
मुझको वो ही पत्थर मिल जाये शायद।
तपते अधरों की प्यास लिये फिरता हूं।
आगे चलकर सागर मिल जाये शायद।
बड़े सलीके से जीते हैं, हम बंजारापन।
यूं किसी मोड़ पर घर मिल जाये शायद।

“उनकी दुआएं साथ रहें”

वक्त के साथ तो अक्सर हो जाता है।
जमकर मोम भी पत्थर हो जाता है।
रिश्तों को, अपनेपन से सींचा करो।
सूख कर हर खेत बंजर हो जाता है।
छुपा रखा उसने हर दरिया का गम।
यूं ही नहीं कोई समंदर हो जाता है।
चलो हौसला है जब तक चलने का।
थके तो हर कदम दूभर हो जाता है।
भीड़ बहुत है पर ये अनजानों की हैं।
साथ मिले तो रस्ता लश्कर हो जाता है।
वीरानी का आलम उस मंजर से पूछो।
जो राहें तक कर खड़हर हो जाता है।
बूढ़ी आंखों में आते वो धुंधले से चेहरे।
जिनकी आहट से घर,घर हो जाता है।
जो साथ नहीं उनकी दुआएं साथ रहें।
आसान जिंदगी का सफर हो जाता है।

“चांद जो निकला होगा”

अब जाने वो कैसा लगता होगा।
बिन तेरे चांद जो निकला होगा।
सूनी छत पर उस आकाश तले।
कोई न जाने कितना तन्हा होगा।
बातें तारों से तो भी न होती होगीं।
सबसे छुपके वो चुपके बैठा होगा।
ये वक्त बहुत लगता है बिसराने में।
वो मन ही मन सोचा करता होगा।
पूछ रहा होगा सब मिलने वालों से।
तुझसे मिलने का कोई रास्ता होगा।
तेरी यादों के मंजर में होकर बेघर।
वो कैसे उस खंडहर में रहता होगा।
सब ढूंढ रहे हैं उसे अपने आंगन में।
पर खुद उसका आंगन सूना होगा।
चांद देख सब मांगे अपनी दुआएं।
क्या कोई उसकी भी सुनता होगा।
अब कौन बुलायेगा उसको छतपर।
वो किसकी आहट पर ठहरा होगा।
सुन लो चेहरे को चांद बताने वालों।
हां चांद का चेहरा भी उतरा होगा।
खुद सोचो वो कैसा लगता होगा।
बिन तेरे चांद जो निकला होगा।

"घर तेरा भी जलेगा"

मुनासिब है हर एक हक अदा हो जमाने का।
कोई कर्ज चुकाने में कोई ऐहसान तो नहीं।
जीतकर दुश्मनों से हासिल किये गये तमगे।
खैर!अपनों से कोई जंग यूं आसान तो नहीं।
वाशिंदे तो सभी हैं उसकी सल्तनत में यहां।
सब वहम है अहम का कोई सुल्तान तो नहीं।
कौन मशवरा दे उसे इतना गुरुर नहीं वाजिब।
ज़मीं ही जीती है उसने कोई आसमान तो नहीं।
क्यों ठहर जाये एक तेरी जिद पर ये काफिला।
माना के रसूख है तेरा पर हम भी मेहमान तो नहीं।
सुना है वक्त करता है इंसाफ सभी का एक दिन।
तू कहता है, तो होगा, पर हमें इत्मीनान तो नहीं।
तहजीब है कि खामोश रह जाते हैं किसी बात पर।
वाकिफ हैं तेरी चालाकियों से हम नादान तो नहीं।
सियासत की आग में क्यों जलाते हो ये बस्तियां।
यहां घर तेरा भी जलेगा फकत मेरा मकान तो नहीं।

“तोड़ देती है”

जिम्मेदारी इंसान को अक्सर तोड़ देती है।
भले इरादा न टूटा पर कमर तोड़ देती है।
लोग जी लेते हैं कि वो लौट कर आयेगा।
एक दिन आती है जो खबर तोड़ देती है।
हसीन मंजिलों के तमाम ख्वाब आंखों में।
सुबह होते ही मुश्किल डगर तोड़ देती है।
जिंदगी की रेत पर बनाई तमाम तस्वीरें।
कैसे वक्त की बस एक लहर तोड़ देती है।
याद कई खेल और सलामत खिलौने भी।
रहा ये शौक जो गुजरती उमर तोड़ देती है।
जिस घर के आंगन में था बचपन बिताया।
आकर जवानी क्यों वही घर तोड़ देती है।
तू पत्थर से टूटे शीशे की नुमाइश न कर।
इंसान की यही जिद तो पत्थर तोड़ देती है।
कैसे कहते हैं लोग वो आज तक नहीं टूटा।
'जीवंत' नहीं टूटा जिंदगी मगर तोड़ देती है।

“तकदीर का तमाशा”

किसी की जद में समंदर देख।

तू कहीं किसी को प्यासा देख।

मायूस न हो इस जिंदगी से यूं।

बस तकदीर का तमाशा देख।

कहां से चला, कहां आ गया।

भागता आदमी बेतहासा देख।

अपनों को अपने नहीं जानते।

छाया रिश्तों पर कुहासा देख।

“अच्छा नही लगता”

एक वो भी दौर था जब लोग बुला लेते थे आवाज देकर।

अब तो रस्ते से भी किसी का गुजरना अच्छा नहीं लगता।

रिश्तों में खातिर बाकी रही न रहा बाकी खैर-ख्वाह कोई।

जैसे घर आये हुये मेहमान का ठहरना अच्छा नहीं लगता।

देखिये चाहते तो सभी हैं जमाने में महकना इत्र की तरह।

मगर बनके खुशबू किसी को बिखरना अच्छा नहीं लगता।

और कहां से आएंगे फ़रिश्ते जमीं पर हालात बदलने को।

अच्छे- अच्छे लोगों को अच्छा करना अच्छा नहीं लगता।

“गाँव से आए हैं”

शहरों में भटकते ये लोग तमाम।
अपनी ठांव से चलकर आये हैं।
आंखों के सपने सच करने को।
दूर बहुत पांव से चलकर आये हैं।
प्यार-मोहब्बत जो बांट रहे हैं।
आखिर गांव से चलकर आये हैं।
आज तपिश धूप की सहते देखो।
शीतल छांव से चलकर आये हैं।
मासूम गांव से चलकर आये हैं।

“सबक वक्त का”

यहां कभी मंजिल का पता नहीं होता।
और कभी तो सामने रास्ता नहीं होता।
भटक जाता है इंसान किसी दोराहे पर।
ऐसा नहीं कि वो कभी चला नहीं होता।
कोई तो हो जिसे हाले-दिल सुनाया जाये।
कोई नहीं जिसे जिंदगी से गिला नहीं होता।
जिंदगी में सबक वक्त का ही काम आया।
हर सबक तो किताबों में लिखा नहीं होता।
तमाम उम्र जो चले हैं यहां तन्हा ही पूछो।
कोई साथ होता भी है तो हमेशा नहीं होता।
हो सके जितना दूसरों के काम आते रहिये।
कौन कहता है भला करके भला नहीं होता।

“बात नही करता”

एक वक्त है जो बदल देता है सारी कहानी।
मैं यहां किसी किरदार की बात नहीं करता।
मांगते तो सभी हैं मगर सबको मिलता नहीं।
दुआओं में मैं चमत्कार की बात नहीं करता।
खून से सने हाथ तो हैं खुद उस हाकिम के।
हां मैं किसी गुनहगार की बात नहीं करता।
चेहरे से तो धोखा देते हुये देखा हैं कई बार।
सच है मगर मैं हरबार की बात नहीं करता।
यकीन भी बिकता है यहां और ईमान भी।
मैं कहीं किसी बाज़ार की बात नहीं करता।
बिके तो कहीं तुम भी हो और बिके हम भी।
कौन था वो मैं खरीदार की बात नहीं करता।
ज़ख्म तो गहरे मिले वही जो जुबां से लगे।
सच यही है मैं तलवार की बात नहीं करता।
गुनाह माफ कर देती है नादानी समझ कर।
एक मां ही है मैं संसार की बात नहीं करता।
यूं रिश्ते निभाने में तो जायज है झुकना भी।
अपनों में मैं जीत-हार की बात नहीं करता।
अक्सर, नफ़रत से पता चलता है प्यार का।
कभी मैं प्यार से प्यार की बात नहीं करता।
प्रस्तावना तो अपनी लोग खुद ही लिखते हैं।
कदाचित मैं उपसंहार की बात नहीं करता।

"गजल हमारी"

बातें करने लगी है दुनिया आजकल हमारी।
अब भाती जो नहीं है उसे ये शकल हमारी।
शायद फिर कोई सच चुभ गया किसी को।
न जाने किसे रुसवा कर गई गजल हमारी।
शिकायतें ही सही पर लोग हमें चाहते तो हैं।
याद उन्हें यूं ही तो नहीं आती हरपल हमारी।

"वो तमाम पल"

वही, जब जमाने को हम पागल लगते थे।
कितने हंसीन वो तमाम पल लगते थे
शायराना सी लगती थी हर शरारत तेरी।
हमें आज से बेहतर गुजरे कल लगते थे।
परेशान कर जाता है तेरा एक चुप हमें।
तेरे अलफाज महफिलों में गजल लगते थे।

"हर किसी से नहीं"

हमें वक्त से ये शिकायत है जिंदगी से नहीं।
उम्मीद अच्छी तो है पर हर किसी से नहीं।
रिश्तों के दरम्यान अब ये दरार तो देखिये।
वो कहता तो सबसे है बस एक हमीं से नहीं।
यहां कौन समझेगा मेरे ऐतबार की इंतहा।
मुझे सबसे शिकवा है बस एक उसी से नहीं।

“जमाने मोहब्बत के”

जाने कहां गये गुजरे जमाने मोहब्बत के।
अब नहीं मिलते यहां दीवाने मोहब्बत के।
किसी ने दिल मांगा यूं किसी ने जान दे दी।
अब नहीं सुनते किस्से पुराने मोहब्बत के।
डर कर दरिया से या दीवारों से दौलत की।
अफसाने ही रह गये अफसाने मोहब्बत के।
तस्वीर नहीं हो सकती ताबीर मोहब्बत की।
मिटने वालों से पूछो नजराने मोहब्बत के।
जीना एक नशा है तो पीना भी एक नशा।
इश्क में तेरी आंखे हैं मैखाने मोहब्बत के।
हर मंजर है रोशन अबतक जिसके दम से।
लोग कम ही करते हैं शुकराने मोहब्बत के।
आसां नहीं होती कभी मुहब्बत जिंदगी में।
ताउम्र चुकाने पड़ते हैं हर्जाने मोहब्बत के।
निगाहों से हटाकर देखो ये नफ़रतों के पर्दे।
कितना सुकून देते हैं शामियाने मोहब्बत के।

“इसांन खुदा नहीं होता”

कौन क्या है कभी माथे पर लिखा नहीं होता।

जब खता वक्त करे तो इंसान बुरा नहीं होता।

यहां गलतियां तो हो ही जाती हैं हर इंसान से।

इंसान तो इंसान होता है, वो खुदा नहीं होता।

खुद ही तय करो मंजिलें अपनी, रास्ते अपने।

यूं जरूरी हमेशा दूसरों से मशविरा नहीं होता।

“वीराना सा लगता है”

हर आदमी -आदमी से अंजान सा लगता है।

भरी भीड़ में क्यों इतना वीरान सा लगता है।

कैद ऐसे हैं मकां में अपने जैसे मजार में हो।

हमको तो ये तेरा शहर श्मशान सा लगता है।

जाने किस मजबूरी में बस मुस्कुराये जा रहा।

क्या हुआ क्यूं हर शख्स परेशान सा लगता है।

“गला बैठ जाएगा”

अनजान शहर में कौन है साथ उसके।
वो कब से खड़ा है तन्हा बैठ जायेगा।
बहरों की बस्ती में आवाज देने से क्या।
बहुत होगा तो बस तेरा गला बैठ जायेगा।
तू अपनी इबादत में वो असर पैदा तो कर।
खुद आकर तेरी दर पर खुदा बैठ जायेगा।
उसे जिद है कि कैसे सफर हो मुकम्मल।
वो कुछ देर चलेगा फिर जरा बैठ जायेगा।
उम्मीद की रोशनी तो चाहिये हर शख्स को।
मुसाफिर देखकर चिराग जला बैठ जायेगा।
करवट बदलते वक्त को देर नहीं लगती।
जो आज यहां है कल वहां बैठ जायेगा।
खैर जिंदगी तो फिर भी चलती ही रहेगी।
एक खड़ा होगा आकर दूसरा बैठ जायेगा।
दरार हो या दीवार बस दूरियां ही बढ़ेगी।
ये शक जो यकीं के दरम्यां बैठ जायेगा।
रिश्तों में अगर तुमने गुंजाइश जरा छोड़ी।
आकर एक रोज कोई तीसरा बैठ जायेगा।
कहते है उसका अक्स है आईने की तरह।
क्या यही अक्स लेकर आईना बैठ जायेगा।

“कौन”

हर तरफ लगी है आग इसे बुझायेगा कौन।
अब एक और गंगा जमीं पर लायेगा कौन।
इस शहर में खुद भटक कर आये हैं सभी।
यहां तुझे भला सही रास्ता दिखायेगा कौन।
पीढ़ी जो बुजुर्गों से मशविरा करती ही नहीं।
इसे जिंदगी का फलसफा सिखायेगा कौन।
रिश्तों के मेले में बिछड़ते हैं पर मिलते नहीं।
मिल कर बिछड़ने पर भला रुलायेगा कौन।
जवां बेटों को अब मां के हाथों में स्वाद कहां।
दो बताकर वो चार रोटियां खिलायेगा कौन।
इस दौर में उसकी दुआओं पर यकीं किसे है।
नजरें उतार कर काला टीका लगायेगा कौन।
उसे हमसे ये शिकायत हमने आवाज न सुनी।
हमें था यकीं गैर ये शहर यहां बुलायेगा कौन।
इस दौर में जैसे दरख्तों से दुश्मनी हो सबकी।
वीराने - मंजर में बनके बागबां आयेगा कौन।
चंद सिक्कों में पड़ा जिनका जमीर ही गिरवी।
बिके हुओं की बस्ती में तिरंगा उठायेगा कौन।

“कहानी लिखकर”

उसने तो बस वही निशानी लिखकर।

लाया है फिर एक कहानी लिखकर।

ऐसे - कैसे अपना दर्द सुनाता होगा।

सूनी-सूनी आंखों में पानी लिखकर।

उसकी खामोशी ही शोर मचाती है।

कब से चुप है बात पुरानी लिखकर।

जाने तेरे कितने ख्वाब सजाये उसने।

अपने ख्वाबों की कुर्बानी लिखकर।

“ले चले हैं”

अब तो अटल एक निश्चय हम ले चले हैं।

अब ये वहम ही सही ये वहम ले चले हैं।

है मुश्किल मिलना इस जनम में तुम्हारा।

तुम्हारे लिये ही तुम्हारी कसम ले चले हैं।

काश तन्हा सफर मेरा हो मुकम्मल कभी।

आरज़ू यही, उम्मीद हर कदम ले चले हैं।

“दोस्त पुराना अच्छा है”

जिंदगी जीने को शायद यही बहाना अच्छा है।
आंखों में आंसू लेकर यूं मुस्कुराना अच्छा है।
साया बनकर साथ निभाया शिद्दत से जिसने।
इस नये दौर में भी वो दोस्त पुराना अच्छा है।
यूं नफरत से मुरझाते रिश्तों को देखा है हमने।
मिलने को नीर-क्षीर सा मिल जाना अच्छा है।
जिस सच के चुभने से नम हो जाती हों आंखें।
जरा झूठ बोलकर वो दिल बहलाना अच्छा है।
इस शहर की हवाएं रिश्तों को रास नहीं आती।
छोड़ो गले मिलना बस हाथ मिलाना अच्छा है।
अखरने लगे जब तेरी मौजूदगी तेरे अपनों को।
छोड़ चुपचाप उस दर से चले जाना अच्छा है।
रहके करीब जब दूरियां घर करने लगें दरम्यां।
होकर जरा दूर ही तब रिश्ते निभाना अच्छा है।
यही शक अक्सर दोस्ती में डाल देता है दरारें।
वाजिब तो नहीं फिर भी आजमाना अच्छा है।
अब तो रिश्तों की फिक्र न जज्बातों की कद्र।
फिर भी तरक्की करता हुआ जमाना अच्छा है।

"तलाश में हूं"

प्यासा तो नहीं मगर मैं नदी की तलाश में हूं।

अजीब इस सफर में किसी की तलाश में हूं।

मेरी इन मुस्कुराहटों का सबब बस इतना है।

मैं अश्कों के शहर में खुशी की तलाश में हूं।

कौन करेगा महसूस शिद्दत मेरे येतबार की।

दगा जिसने दिया है मैं उसी की तलाश में हूं।

यूं सहन तो न होगा ये दर्द होश में रहते हुये।

बेदम कर दे कोई मैं बेखुदी की तलाश में हूं।

कुछ अदावत सी है किस्मत और किरदार में।

हाथों में चिराग लिये रोशनी की तलाश में हूं।

जीवंत उलझनें जिंदगी की सुलझें भी कैसे।

जिंदगी भर मैं बस जिंदगी की तलाश में हूं।

"नादानियाँ कोई"

वो अधूरे किस्से वो कहानियां कोई।

वो यादों की प्यारी सी निशानियां कोई।

सीने से लगाये हुये हर दर्द इस कदर।

तेरा हर जख्म जैसे मेहरबानियां कोई।

है यकीं आज भी हमें दिले- नादान पर।

की होगी शायद इसने ही नादानियां कोई।

“चहरे पर चेहरा”

कहां से चलकर हम आज ये कहां आये हुये हैं।

यहां तो हर चेहरे पर लोग चेहरा लगाये हुये हैं।

हमने तो सुना है खामोशियों को बात करते हुये।

इस दौर में अक्सर लोग अपनों के सताये हुये हैं।

दस्तूर है जो लोग मिलते हैं यूं ही मुस्कुराते हुये।

जीवंत ये भी सच है कि सभी सच छुपाये हुये हैं।

तुमने शहर तो बसा लिये काट कर दरख्तों को।

मगर क्या शहर में कहीं दरख्तों के साये हुये हैं।

“कहाँ है”

ईट-पत्थरों का है जंगल शहर कहां है।

हर तरफ हैं बस दीवारें ही घर कहां है।

हर आंख पर चढ़े हैं चश्मे सियासत के।

सच को सच देखे जो वो नजर कहां है।

दौलत के नशे में अपने भी पराये हुये।

गैरों को अपना बना दे वो हुनर कहां है।

दूर तक जमीं पर बस रेत ही रेत यहां।

प्यास बुझती भी कैसे समंदर कहां है।

कई ख्वाहिशें लेकर यूं नींद में चले थे।

इन खुली निगाहों में वो मंजर कहां है।

हमने खुद ही लिखी है धूप की तपिश।
भला इस सफर में साये-शजर कहां है।
लुटेरों की बस्ती में जो ठहरने की सोची।
"जीवंत" मुसाफिर को ये खबर कहां है।

"सौदा इस दोस्ती का"

हर चाहत का अपना ही मजा है साथी।
जो तड़प मौत की भी हो जिंदगी जितनी।
है बहुत खूबसूरत हर रंग जिंदगी के ।
जो अश्क भी हो प्यारे हर हंसी जितनी।
न तोड़ो ये दिल की हर सांस हादसा हो।
कहीं जिंदगी न हो मुश्किल खुदकुशी जितनी।
हर गम के साथ ही हैं वो किसी के हैं मगर।
कौन करता है अंधेरों से मुहब्बत रोशनी जितनी।
खुद ही सुलझ जाएंगे उन घरों के तमाम मसले।
जहां बहुएं भी प्यारी हो बेटियां अपनी जितनी।
देखो रिश्तों के ये पैमाने छलकनें न पाएं ।
तुम अगर दोस्ती निभाओ तो दुश्मनी जितनी।
इसलिये आओ करें एक सौदा इस दोस्ती का।
तेरे होठों पर हंसी हो मेरी आंखों में नमीं जितनी।

“माँ से मिला”

न सनम से मिला न खुदा से मिला।

एक गुलिस्तान कोई बागबां से मिला।

सुकूं आया जो इस रूह को जरा सा।

के जैसे एक बच्चा अपनी मां से मिला।

कमाई किसी ने जो दौलत ही ताउम्र ।

कुछ पल ही सही मैं जन्नते-जहां से मिला।

जहां रंजो गम की गुबार ही थे हर तरफ।

हां वही मैं कहीं ठंडी हवा से मिला।

जब गिले शिकवे ही थे हर एक निगाह में।

तभी मैं मासूम एक दुआ से मिला।

मेरा सर उस आंचल की छांव में, लगा।

जैसे चांद कोई जाकर आसमां से मिला।

“मुहब्बत भाईचारा”

किसी को दौलत दुनिया भर की।
कुछ को चांद-सितारा अच्छा लगता है।
पर हम शायद कुछ पागल से हैं जो।
हमें प्यार-मोहब्बत भाईचारा अच्छा लगता है।
तुम जाओ ढूंढो मोती बीच समंदर में।
हमें फेंकने कंकड़ यही किनारा अच्छा लगता है।
न नामों की तख्ती कोई न शोहरत का तमगा।
मां के मुंह से सुन के दुलारा अच्छा लगता है।
पाक बहुत हो तुम शायद जो पूजे जाते हो।
मैं लकड़ी की लाठी बनके सहारा अच्छा लगता है।
न साथी ही अपने कोई न मंजिल ही अपनी।
अब तो यह जीवन ही बेघर बंजारा अच्छा लगता है।
वाकिफ दुनिया की सच्चाई से अब हम जाकर।
तेरा तो हर खामोश इशारा अच्छा लगता है।

“जख्मों के निशां”

रश्में- उल्फत भी मैं क्या खूब निभाता रहा।
तू मुझे सुलाती रही मैं तुझे जगाता रहा।
अजब है ऐ तकदीर तेरा भी तमाशा।
तू क्या लिखती रही मैं क्या मिटाता रहा।
दोष तेरा दें भी तो किस बिनाह पर।
तू बुलाती रही कहीं मैं कहीं और जाता रहा।
जो दायरे दरमियां आ गये इस कदर, कि।
तू बस दूर जाती रही मैं पास आता रहा।
आज भी इल्जाम नहीं मेरा तुझ पर कोई।
मैं ही लहरों के निगेहबां घरौंदे बनाता रहा।
ये खेल जिंदगी का होता तो और बात थी।
रिश्तों की बिसात पर मैं खुद मात खाता रहा।
भर न जाये कहीं मेरे उन जख्मों के निशां।
मैं हर रोज बस चोट पर चोट खाता रहा।

“पतन नहीं उत्थान बनो तुम”

पतन नहीं उत्थान बनो तुम।
शर्म नहीं सम्मान बनो तुम।
जो कुछ पाया खो मत देना।
विनाश नहीं निर्माण बनो तुम।

कहीं खिलाओ फूल खुशी के।
कहीं सजाओ साज हंसी के।
हर हसरत तुम करो हकीकत।
अश्क नहीं अरमान बनो तुम।

है अंधकार में छिपी रोशनी।
भूली-बिसरी राहें कितनी।
अंत निशा का लगे निकट।
नई सुबह की अजान बनो तुम।

कितनी गालियां, कितने चौबारे।
कहीं नजर उठाये, बांह पसारे।
भूले जब कोई मंजिल अपनी।
एक पथिक की पहचान बनो तुम।

यहां कितने झगड़े जाति धर्म के।
निहित स्वार्थ अरु निज मर्म के।
हर मानव है मानवता का मंदिर।
अर्धसत्य नहीं पूर्ण ज्ञान बनो तुम।

करो त्याग मजहब की माटी का।
राग द्वेष की मिथ्या परिपाटी का।
सकल मनोरथ तेरे सच तो होंगे।
पहले एक सच्चा इंसान बनो तुम।

सरल, सुगम और निश्छल जैसे।
एक बहती सरिता के जल जैसे।
सतत दृष्टि में बस लक्ष्य बसें ज्यों।
मन से मंजिल का आह्वान बनो तुम।

सजग प्रहरी सा निश्चय लाओ।
नित आशाओं का अरुणोदय लाओ।
अमिट छाप जो इस कालखंड पर।
उस शैल शिखर का पाषाण बनो तुम।

ये तिमिर क्षितिज पर छाये कैसे।
ये शावक सिंह का घबराये कैसे।
कल महावीर बन तुमको जीना।
तो आज वही वर्धमान बनो तुम।

हैं यह कर्ज तुम्हारे कांधे कितना।
अश्कों को आंखों में बांधे कितना।
सबने रौंदी ये चंदन सी माटी।
आओ इसका अभिमान बनो।

पतन नहीं उत्थान बनो तुम।
शर्म नहीं सम्मान बनो तुम।
जो कुछ पाया खो मत देना।
विनाश नहीं निर्माण बनो तुम।

“कीमत”

यूं शहादत पर कब तक सियासत होगी।

आखिर इस खून की कुछ तो कीमत होगी।

ये जो लहू बहाते हैं मासूमों का यूं ही।

शायद उनकी यही फितरत होगी।

पूछ रहे हैं अब सरहद पर रहने वाले।

खत्म कब आखिर यह दहशत होगी।

दोस्त वही दगा नहीं करता जिसको।

जवाब ईंट का पत्थर से पाने की आदत होगी।

“वतन के सिपाही”

आसमान वालों जरा जमीं पर उतर कर देखो।
मुश्किलें जिंदगी की कभी ठहर कर देखो।
जज्बा उनकी वर्दी में है या खादी में तुम्हारी।
बस एक लम्हा तुम सरहद पर बसर कर देखो।
क्यों तोड़ देती हैं सुहागिने फक्र से चूड़ियां।
ये तुम शहीदों के गांवों से गुजर कर देखो।
मौत कैसे बदल जाती है मायने जिंदगी के।
कभी इस वतन की माटी में बिखर कर देखो।
दर्द किस कदर है जिंदगी का मौत से भी ज्यादा।
कभी मरने वालों के घर की फिकर कर देखो।
खूब करते हो हंगामा तुम सदन से सड़क तक।
कभी बहू-बेटियों के बेवा होने की खबर कर देखो।
जिंदगी न शरमा जाये खुद तुम्हें जिंदा देखकर।
कभी बांधकर कफन मौत का सफर कर देखो।

"जो मुकद्दर में लिखा"

यूं ही तो बदनाम है शराब जमाने में वरना।
वो कौन सी आदत है जिसमें नशा नहीं होता।
कोई तो साथ चाहिये कि ये उम्र गुजर जाये।
महज सांस लेने भर से कोई जिंदा नहीं होता
नादानियां है उनकी जो छुप-छुप के करते हैं।
इश्क ही क्या जो जमाने में रुसवा नहीं होता।
ये इनायत उनकी के हर जुल्म करते ही गये।
ये तो जिद हमारी कि हमें शिकवा नहीं होता।
माना हमने कि कुछ मजबूरियां रही होगी तेरी।
मगर दुरुस्त तू ही हो हर वक्त ऐसा नहीं होता।
मिल ही जाएंगे हमें भी हजारों चाहने वाले।
ऐ काश दिल ने तुझे कभी चाहा नहीं होता।
मुनासिब ही नहीं ये मेरा वजूद अब तेरे बगैर।
जहां मंजिल नहीं होती वहां रास्ता नहीं होता।
ये यादों के साये हैं एहसास तेरी मौजूदगी का।
कोई कितना भी तन्हा हो तन्हा नहीं होता।
दास्तानें ही बयां करती हैं हस्र चाहतों का।
ये वो सफर है जो अक्सर लंबा नहीं होता।
वक्त का मरहम भी न भर सके जिसे कभी।
कोई जख्म इतना भी गहरा नहीं होता।
दुआएं बेजुबानों की भी सुन लेता है खुदा।

इबादत नहीं होती कभी सजदा नहीं होता।

मंजिलें हों निगाहों में जिनकी हर- कदम।

मेरा दावा है कोई सफर लंबा नहीं होता।

बेजार होगी ये जिंदगी तेरे बगैर इस कदर।

जैसे कोई मंजिल जिसका रास्ता नहीं होता।

बहते अश्कों की भी कोई तो कहानी होगी।

हर बार झूठा बस यही आइना नहीं होता।

क्या खूब गले मिलती है कायनात भी यहां।

वरना समंदर के रुख कभी दरिया नहीं होता।

तुम चाहो तो चले जाओ अलविदा कह के।

मगर यूं ही तो दिल से कोई जुदा नहीं होता।

मालूम है कोशिशें अक्सर कामयाब नहीं होती।

वो नहीं मिलता जो मुकद्दर में लिखा नहीं होता।

"वतन के खुदा"

तू गिरा दे अपनी मस्जिदें सारी।
मैं भी तो गिरा दूं शिवाले अपने।
फिर हम दोनों चलें सरहदों पर।
जहां रहते वतन के खुदा कितने।
आओ मिटा के बंदिशें मजहबीं।
अपने सच्चे खुदा का सजदा करें।
फिर मैं हाथ जोड़कर मांगू कभी।
या तू हाथ उठा कर ये दुआ करे।
सलामत रखना उन्हें हरदम मौला।
जो महफूज करें हर बला से हमें।
चलो जलाएं हर दिया उसी नाम का।
जो अपने लहू से रोशन हर दिया करें।

“पाक रूह की दुआ”

किसी पाक रूह की एक दुआ जो है।
आज ये जिंदगी इतनी खुशनुमा जो है ।
चाहत नहीं कोई आसमां छूने की मुझे।
बनके मंजिल संग मेरे, मेरी मां जो है।
मैं कोई काफिर नहीं तू जान ले ऐ खुदा।
बस एक मां की दर पे ये सर झुका जो है।
अंधेरे जहां के अब मुझे डराएं भी तो कैसे।
नूरे - रहमत बनके एक चिराग जला जो है।
फासले न ठहरे कभी जो मंजिलों के दरम्यां।
हर कदम उसकी दुआओं का हौसला जो है।

“तुम्हारी है कमी आ जाओ”

बनके लबों पर हंसी आ जाओ।
संवर जाये ये जिंदगी आ जाओ।
यूं तो बाकी कोई कमीं ना रही।
बस तुम्हारी है कमीं आ जाओ ।
रोशन महफिलों में तराने गा रहे हैं।
हम हैं खामोश मगर जमाने गा रहे हैं।
मुस्कुराते आलम में मुस्कुरा रहा हूं।
मगर आंखों में है नमीं आ जाओ।
बस तुम्हारी है कमीं आ जाओ।
फासले वक्त के दरमियां आ गये।
कहां से चले थे हम कहां आ गये।
चलो भर दे अब ये दरारे दूरियों की ।
बुलाती आसमा को ये जमीं आ जाओ।
बस तुम्हारी है कमीं आ जाओ।
कितना था कितना कुछ छूट गया।
बनके खिलौना हर सपना टूट गया।
रुक जाएं न धड़कनों के सिलसिले।
आखिरी चंद सांसे हैं थमी आ जाओ ।
बस तुम्हारी है कमीं आ जाओ।
बस तुम्हारी है कमीं आ जाओ।

“नौजवान”

तमाम शर्तों पर जीता हूं जमाने की।
फिर भी जमाने को लगता है मैं बेजान हूं।
यह मुफलिसी मेरा मुकद्दर नहीं मगर ।
मैं एक पढ़ा-लिखा बेरोजगार नौजवान हूं।
जिस जंग में जीत का ताज है तुम्हारे सर पे ।
झेल कर हर वार उसी जंग में मैं लहूलुहान हूं।
झूठ की बुनियाद पर दौलत का महल बनाने वालों।
सच्ची है मेरी हस्ती, मैं अपनी हस्ती से परेशान हूं।
संवारा है ये चमन बहाकर पसीना मिलाकर लहू में।
आबाद कर तेरा यह जहां सदियों से मैं बीरान हूं।
हर दिन लेती है इम्तहान जिंदगी खुद मेरे वजूद का।
मगर हर दिन अपने वजूद का मैं एक इम्तहान हूं।
छूकर आसमां इतराती मंजिले अपनी बुलंदियों पर।
बस एक पत्थर हूं मगर मैं बुनियाद की पहचान हूं।
हिकारत और बेअदबी का हर जवाब है मेरे पास ।
बस अदब शामिल है खून में, नहीं मैं बेजुबान हूं।
तुम्हें मौत से डर है और मुझे इस कदर जिंदगी से।
क्योंकि तुम खास हो और मैं एक आम इंसान हूं।
बनावटी तस्वीरों से न मुकम्मल होगी सारी कहानी।
गौर से देखो तो कभी मैं ही तुम्हारा हिंदुस्तान हूं।

“साहिल कोई”

खोई दिल की मौजों का जो साहिल कोई।

इन अनजान राहों की है जाने मंजिल कोई।

सुना है आईने सजा लेते हैं आखों वो सूरत।

जो मिलता है जमाने में इसके काबिल कोई।

है दिले-नादान की जो हसरत वो न सही।

मगर फिर भी एक खुशी तो है हासिल कोई।

तेरी इबादत तेरी आरज़ू में कोई और सही।

पर सच है तेरी हर दुआ में भी है शामिल कोई।

जो चाहो तो सजा लो गुजरे लम्हों की यादें कभी।

वादा है तेरी हर शाम बन जायेगी महफिल कोई।

“उस दर से लौट जाना”

बहुत सीखा है हमने वक्त की ठोकरों से।

कदम उठाने से पहले मुनासिब है निगाहें जमाना।

चंद दस्तक पर न खुले दरवाजे जिस मकां के।

तकाजा है तेरा फौरन उस दर से लौट जाना।

तेरी ख्वाहिशों की परवाह किसे हैं मुसाफिर यहां।

मंजिलें भी खुदगर्ज हैं जरा संभल कर जाना।

वक्त की बिसात पर चलते हैं सभी बाजियां।

ऐ दिले-नासमझ तू इसकी बातों में न आना।

खुद बुझा देते हैं लोग दिन में आंगन के चिराग।

मासूमियत से न यूं हर किसी को गले लगाना।

निजाम बदलते ही अक्सर मिजाज बदल जाते हैं।

फूल बिकते हैं वहीं कल जहां था कत्लखाना।

“शक मत करना”

दिल खोलकर हाले-दिल लिखें हों जिसमें कहीं।
तुम कभी उस किताबे - खत पे शक मत करना।
तेरे जिक्र पर ही छलक आएं जो आंखें कभी।
उन आंखों की मासूमियत पे शक मत करना।
मुमकिन भी है दगा हो जाये अक्सर चाहतों में।
फिर भी तू किसी की चाहत पे शक मत करना।
न जाओ इतने भी करीब के अपने पराये लगें।
जो गैर अपना लगे उस नियत पे शक मत करना।

"ये जिंदगी"

यादों की तनहाइयों में भटकती ये जिंदगी।

बनके प्यास कैसे तरसती ये जिंदगी।

रिश्तो के भंवर में उलझ कर इस कदर।

वक्त की आंधियों में दरकती ये जिंदगी।

नींद आती है न अब ख्वाब बाकी कोई।

उदास रातों में करवटें बदलती ये जिंदगी।

बरसा था सावन अब के किस मिजाज से।

रह गई टूटी छतों से टपकती ये जिंदगी।

चलते नहीं सब कारवां रोशनी के काफिले में।

गुमनाम अंधेरों में जलती-बुझती ये जिंदगी।

आगोश में लेकर गले लगाती नहीं सभी को।

अक्सर पांव तले पड़ी सिसकती ये जिंदगी।

हाल ये हो गया है इंसान की इंसानियत का।

खुद से डरकर खुद से ही लिपटती ये जिंदगी।

सच से बेखबर हैं छलकते जाम की महफिलें।

कैसे आंसू पीकर भी कटती है ये जिंदगी।

“माँ और सरजमीं”

तु जुबा से कुछ नहीं कहता मगर।
यूं तेरी हर बात उसको पता होती है।
जो रोने से पहले पिला देती है दूध।
वो मां तो बस आखिर मां होती है।
तमाम रात जो चैन से तू सोता रहा।
उसने चादर डाल दी जब सर्द हवा होती है।
न छोड़ तू ये पाक दामन के साये कभी।
मां ही जन्नत मां ही तो खुदा होती है।
दर्द सह के भी कैसे सुकून मिलता है उसे।
मां ही जानती है जब बेटी विदा होती है।
जो पूछें सजदा मां का करूं के सरजमीं का।
मैंने कहा सरजमी भी आखिर मां होती है।

"तुम्हीं"

मेरे स्मृति पटल के पन्नों पर जाने।

बनके आये शायद अश्रु धार तुम्हीं।

दुख की बेला या मन की पीड़ा में।

बनके मरहम आये बस यार तुम्हीं ।

मैं विह्वल सुख से या बेहाल गमों से।

जब भी देखा साथ मेरे हर बार तुम्हीं।

सजी सुरों से जो मेरे मन की महफिल।

इस जीवन वीणा की हर झंकार तुम्हीं।

खोने का गम न अब है पाना कुछ भी।

सब सपने मेरे और घर-संसार तुम्हीं।

बस एक गुजारिश मेरी हर ख्वाहिश की।

तुमसे मांगा तुमको हो स्वीकार तुम्हीं।

"खाली हाथ"

अब तेरी मजहब से मेरा नहीं है वास्ता कोई।
बेशक मैं काफिर सही तेरी नजरों में।
तू अनजान है उसके बंदों से अगर जान ले।
तो मैं भी तेरे खुदा से अनजान सही।
वो इल्मों-ईमान की बात करने वालों।
होना कभी तू रूबरू इस हकीकत से।
क्यों मुद्दतों से माना है उसने रोटी को खुदा।
शिद्दत से जिसने की है बंदगी भूख की।
फिर मुनासिब कैसे हों ये मजहबों के दंगे।
जो हके-वजूद की लड़ाई ताउम्र लड़ते रहे।
कैद कर लो शौक से रोशनी चांद और सूरज की।
ये फकीरों की मजारें तो बस चिरागों से रोशन हैं।
ऐ जमाने का मुस्तकबिल लिखने वालों सनद रहे।
खैरात में सिक्के बांटकर कोई खुदा नहीं होता।
नाज है तेरे इंसाफ पर वो मेरे मौला आज भी।
उन्हें दौलत तो गैरत मेरी गली में जिंदा है आज भी।
तेरी हस्ती मुझसे ज्यादा है मगर बस जरा सी।
मेरी जिंदगी खुदा के हवाले और तेरी चंद बंदों के।
फिर किस बिनाह पर गुलाम थी जिंदगी उस दहलीज पर।
हमने तो वहां से भी उठते देखे हैं जनाजे कभी।
अपनी शमशीर की चमक से जो दुनिया जीतने पर पड़ा था।
वक्त पर उस वक्त सिकंदर को खाली हाथ जाना पड़ा था।

“मुश्किल कितना”

सफर बड़ा है मुश्किल कितना।
प्यासे इन अधरों से पैमाने तक।
कैद अंधेरों में है हर कोई जैसे।
क्यों हर महफिल से मैखाने तक।
वो हर ख्वाब हकीकत है लेकिन।
बस मोती बनके बह जाने तक।
अश्कों से हंसी तक लंबा रस्ता।
फूलों के खिलकर मुरझाने तक।

“माँ जानती है”

जिंदगी का हर अच्छा-बुरा जानती है।
न पूछो हमसे वो क्या-क्या जानती है।
हो सके उसकी हर सलाह गौर करना।
तुझसे ज्यादा तुझे तेरी मां जानती है।
हर मर्ज का इलाज उसकी दुआओं में।
दुआ जानती है वो हर दवा जानती है।

“छोड़कर आना”

अपने अपनों की वह दर छोड़ कर आना।
हर तरफ एक प्यार का मंजर छोड़ कर आना।
मजबूर था कि फिर तेरे शहर आ गया हूं।
बहुत मुश्किल है मगर घर छोड़ कर आना।
जानता हूं के इधर हाथ में आएंगे चार पैसे।
आसान नहीं था पर सब उधर छोड़कर आना।
अनजान शहर में होते हैं अजनबी लोग सब।
याद आता है हमें मां की फिकर छोड़कर आना।
होते तो हैं यहां रोज खेल-तमाशे हर तरफ।
बहुत मुश्किल है वो कंकड़-पत्थर छोड़कर आना।
यहां सड़कों पर बेतहाशा भागती दौड़ती जिंदगी।
बुलाती है गांव की पतली डगर छोड़ कर आना।
मजबूरियां जो हमें खींच लाती है शहरों की ओर।
कैसे गुजरेगा यहां गुजर-बसर छोड़कर आना।
यहां हर दर्द है पराया और दर्द का ऐहसास भी।
याद आता है हमें ढूंढती हर नजर छोड़कर आना।

“यादों में तन्हा”

कोई यूं भी न कहीं यादों में तन्हा हो जाये।
अश्क निकलें आंखों से तो दरिया हो जाये।
बड़ा बोझ है दिल पर तेरी यादों के साये का।
तुम ही कुछ कह दो कि जी हल्का हो जाये।
होश में आते ही लौट आया दर्द का मंजर।
सोचता हूं के काश फिर से नशा हो जाये।
मिले वक्त अपनों से मिलने आ जाया करो।
ऐसा न हो कल वक्त का फासला हो जाये।
लोग कहते हैं आसां नहीं सफर जिंदगी का।
थाम ले हाथ कोई के हंसी ये रास्ता हो जाये।
नफरतों की जद में जीते आये हैं अब तलक।
करो अमन का उजाला ये बुत खुदा हो जाये।
ये जानता हूं मैं दर्द देने वाला दवा नहीं देता।
कोई सर पर हाथ रख दे तो हौसला हो जाये।

“ऐ जिंदगी”

हर सुबह का तुझे एहतराम ऐ जिंदगी।
कबूल कर तू मेरा ये सलाम ऐ जिंदगी।
जो मौत का मुसाफिर हर शख्स यहां।
फिर तू कैसे किसी का मुकाम ऐ जिंदगी।
टूटे हर दिल की सदा तू सुन तो जरा।
हर सांस है जैसे कत्लेआम ऐ जिंदगी।
मुझे तुझसे तो न है शिकायत कोई।
मैं तो खुद से ही बदनाम ऐ जिंदगी।
तेरा इंतजार ही अब मेरा मुकद्दर सही।
आखिर तू ही तो इश्क का इनाम ऐ जिंदगी।
इस दिल में बसने का तेरा शुक्रिया जिंदगी।
मगर शिकवा भी तुझसे है तमाम ऐ जिंदगी।
जाने दे मेरा वादा है मैं लौट कर आऊंगा।
पुकारे जो तू कभी मेरा नाम ऐ जिंदगी।

“कातिल मशवरा चाहता था”

यूं करीब आकर वो मुझसे जाने क्या चाहता था।
मेरा कातिल ही अब मुझसे मशवरा चाहता था।
हमने भी कोई राज अपना राज रहने न दिया।
मासूमियत थी उसकी जाने मैं उसे इतना चाहता था।
माना के वो अनजान था चाहतों के दस्तूर से।
ये कसूर मेरा है मैं उससे वफा चाहता था।
कहते हैं इश्क में अक्सर होश ही गुम जाता है।
जो जी न सका मेरे लिये मैं उसके लिये मरना चाहता था।
कितनी संजीदगी से फरेब को वफा कर दिया।
मैं अपने कत्ल को भी खुदकुशी लिखना चाहता था।
फसाने और भी हैं जमाने में जो मुकम्मल न हुये।
यहां कोई सनम चाहता था कोई खुदा चाहता था।
चलो ये इल्जाम भी आने दो अब मेरे ही सर।
मैं जहां में तुझे चाहता था, तू सारा जहां चाहता था।

“दीवाना कर जाओ”

चले आओ जला के समां हुस्न की अपने।
मेरे इश्क को तुम परवाना कर जाओ।
बाकी है चंद दस्तकें खामोश दिल की।
फकत एक दीदार से दीवाना कर जाओ।
सुने हैं तमाम उम्र हमने भी किस्से चाहतों के।
जो तुम चाहो हकीकत ये फसाना कर जाओ।
जागीर नहीं पास मेरे कोई जो तेरे नाम कर दूं।
जिद है जां देने की कुबूल ये नजराना कर जाओ।
ये दस्तूर है दुनिया का रहेगा रहती दुनिया तलक।
होकर मेरे तुम नया ये दस्तूर पुराना कर जाओ।
मेरे सजदे मेरी इबादत में नाम खुद का तुम हो।
फिर काफिर समझो तो जो चाहे हरजाना कर जाओ।
सूने पड़े हैं कब से यादों के सब मंजर कितने।
एक झलक दिखला दो आबाद ये वीराना कर जाओ।
धड़क रहा कब से दिल बस एक तुम्हारी आहट पर।
अब दिल पे दस्तक दे दो चाहे तीरे-निशाना कर जाओ।

“इतना बन जाओ”

खुदा के लिये बस इतना बन जाओ।

आदमी एक अच्छा भला बन जाओ।

बुढ़ापे में धुंधली सी किसी निगाह का।

हो सके तो आंख का चश्मा बन जाओ।

कटे दरख्तों से बेघर हुये परिंदे हर तरफ।

आएं तुम्हारी साख पर घोंसला बन जाओ।

समंदर सा वजूद है तुम्हारा मगर खारा है।

जो सुकूं चाहो तो बहता दरिया बन जाओ।

नहीं कहते छोड़ दो ख्वाहिशें मंजिलों की।

बस कोई आये तो रास्ता बन जाओ।

“हुनर मालूम है”

खुशबुओं को हर सू बिखरने का हुनर मालूम है।

बहते दरिया को चट्टानों से गुजरने का हुनर मालूम है।

एक आदत की तरह बस याद आने दो हमें।

अश्क हैं हमें आंखों में संवरने का हुनर मालूम है।

चंद नज्में सुनोगे तो तुम संजीदा हो जाओगे।

मेरी ग़ज़लों को दिल में उतरने का हुनर मालूम है।

"सबक बुरे वक्त का"

कभी हालात से तो कभी जज्बात से।
मायूस क्यों है तू जमाने की हर बात से।
बुरे वक्त का भी तो सबक कुछ भला है।
सितारे खूब चमकते हैं अंधेरी रात से।
है तड़प प्यास की तो बुला बादलों को।
बंजर में भी उग आती है घास बरसात से।
मत कोस मुश्किलों को ये निखारेगीं वजूद।
सोने की परख होती है तपते हालात से।
हौसला रखते हैं जो जानते हैं हुनर जीत का।
जुगनू नहीं डरते तूफानों की मुलाकात से।
सख्त होते हैं बहुत चट्टानों पर उगे दरख्त।
जड़ें उनकी मजबूत होती है शुरुआत से।

"छोंड़ गए"

सीखा जिन हाथों को पकड़ कर चलना कभी।

बच्चे जब दौड़ने लगे तो वो हाथ छोड़ गये।

लगाकर सीने से बचपन में पाला था मां ने।

जरा काबिल हुये तो हाथ वो साथ छोड़ गये।

बड़ा सुकून होगा शहरों की दौड़ती जिंदगी में।

जो गांव में मां छोड़ गये मां की याद छोड़ गये।

उसके हाथों के निवाले में अब वो बात कहां।

रोज ताने सुनते हैं जो उसकी अधूरी बात छोड़ गये।

सुना है उसका बड़ा आलीशान मकान है शहर में।

जो गांव की छप्पर से टपकती बरसात छोड़ गये।

दफ्तर की फाइलों में उलझ कर कटती है कैसे रातें।

गाकर लोरी रोज सुनती थी मां वो रात छोड़ गये।

उन्हें दौलत जमाने की भला सुकून दे पाये तो कैसे।

बरसों पहले जो मां की दुआओं की सौगात छोड़ गये।

कैसे रोते हैं वो ठेस जरा दिल पर लगी जमाने में।

मासूम बूढ़ी आंखों में जो तड़पते जज्बात छोड़ गये।

“खुदा बता दें”

जाऊं कहां मैं जिंदगी बस इतना बता दे।

हसरतों की हद ख्वाहिशों का दायरा बता दे।

ये द्वंद्व है मेरी जिद का तकदीर से अपने ही।

क्या है मेरी हस्ती तू अपना फैसला बता दे।

मेरे वजूद की हर आजमाइश मंजूर है मुझे।

मुनासिब है इंम्तहानों का दौर तू इंतहा बता दे।

मेरी निगाहों में है जो वो मेरी मंजिल न सही।

क्या है मेरी मंजिल मेरा कुछ तो पता बता दे।

सुना है सजदे में खुदा के कुबूल हर दुआ है।

तू अगर खुदा नहीं तो कहां है खुदा बता दे।

“जीने का करार”

मैं जिंदगी को पुकार कर आया हूं।
हर पल मौत को मार कर आया हूं।
तुम्हें लगता है जंग जीत ली है मैंने।
मैं यहां बहुत कुछ हार कर आया हूं।
नावाकिफ नहीं जिंदगी के हादसों से।
दर्द का इम्तिहां गुजार कर आया हूं।
अंधेरे पलभर भी तुम्हें रास नहीं आते।
मैं कितनी ही रातें संवार कर आया हूं।
मुमकिन तो न था जीना बगैर जिसके।
बिना उसके जीना करार कर आया हूं।

"जो बचा रह गया"

मंजिलें रह गई न रास्ता रह गया।

वक्त बनके एक हादसा रह गया।

वैसे तो समंदर था उसके पास।

मगर फिर भी वो प्यासा रह गया।

यूं हर तरफ है आलम बेबसी का।

बाकी हिम्मत न हौसला रह गया।

जो बसाये थे बुलंदियों के शहर।

देखो इस शहर में क्या रह गया।

बड़ा नाज था जिसे अपने हुनर पर।

वही हर शख्स क्यों ठगा रह गया।

आओ लौट चलें हम उसी दौर में।

हो सके बचा लो जो बचा रह गया।

संजीदगी के दौर में मासूमियत कहां।

न कोई जी रहा है न जिंदा रह गया।

हम तो सोचते हैं इस उम्र में आकर।

बचपन गया शुक्र है बचपना रह गया।

“किरदार”

जो हर बार निभाया हमने फिर इस बार निभा कर जाऊंगा।
हर रंगमंच पर इस जीवन के मैं अपना किरदार निभा कर जाऊंगा।
ऐ वक्त इजाजत दे इतनी बस हमको हर कर्ज चुकाना आता है।
मां से, मिट्टी से या महबूबा से सबसे प्यार निभा कर जाऊंगा।
हर रंगमंच पर इस जीवन के मैं अपना किरदार निभा कर जाऊंगा।
कुरुक्षेत्र अपने रिश्तों का जीवन में जब कर्मभूमि बन जाये।
तुम्हें मुबारक हो जीत तुम्हारी मैं अपनी हार निभा कर जाऊंगा।
हर रंगमंच पर इस जीवन के मैं अपना किरदार निभा कर जाऊंगा।

“न कुछ तुम्हारा न कुछ हमारा”

चलो अब वक्त कुछ ऐसा भी गुजारा जाये।
न कुछ तुम्हारा जाये न कुछ हमारा जाये।
दूर अंधेरों से चलके हों काफिले रोशनी के।
अब मोहब्बत का चांद जमीं पे उतारा जाये।
हम साथ रहें महफूज इन लहरों के दरमियां।
अब दूर हमसे चाहे जितना ये किनारा जाये।
अमन की खुशबुएं आएं वतन के बगीचे से।
आओ मिलकर इस गुलशन को संवारा जाये।
ये कोई जंग तो नहीं जो जिद बस जीत की हो।
दिल जीतने को तो मुनासिब है दिल हारा जाये।
अपने वजूद से रहें रोशन इसकी आगोश में।
अब आसमान से टूट के न कोई तारा जाये।

“अच्छा देखो”

अच्छा सोचो तुम बस अच्छा देखो।
अपनी मंजिल का सीधा रास्ता देखो।
कहते हैं एक सफर है ये जीवन सारा।
तुमको चलना है बस तुम चलना देखो।
दूर नहीं बस मामा के घर तक जाना है।
चंदा तेरा मामा जो कहती थी अम्मा देखो।
ऊंचे शिखरों से चलकर सागर तक जाती।
बिना थके तुम बहती नदिया देखो।
रस्ते की ठोकर निर्मल करती है जल को।
चट्टानों से लड़कर पानी को बहता देखो
चीर अंधेरों का दामन तुम हो जाओ रोशन।
छोड़ निराशा तुम जुगनू को जलता देखा।
चलना है तो सीखो चांद-सितारों से।
रुक जाना तुम भी जो उनको रुकता देखो।
अच्छा सोचो तुम बस अच्छा देखो।
अपनी मंजिल का सीधा रस्ता देखो।

“आईना”

कहां कभी किसी से कुछ छुपाता है आईना।
सबको उसकी असलियत बताता है आईना।
तुम सामने आओ चाहे बदलकर हजार चेहरे।
मगर देता वही है तुम्हें जो पाता है आईना।
नादान सभी यहां बस दोष देते हैं आईने को।
दोष आदमी को आदमी का दिखाता है आईना।
टंगा दीवार पर आईना इबारत है हर किसी की।
गुमसुम, कभी तुम्हें देखकर मुस्कुराता है आईना।
छुपा कर हकीकत यहां जो बनाते हैं फसाने।
पूछ कर देखो हाले दिल भी सुनाता है आईना।
जीवंत बस मासूम को मिलती है गुनाह की सजा।
जब टूटता है दिल कोई चोट खाता है आईना।

“परिंदों का बसेरा”

उजड़ी बस्तियों में फकीरों का फेरा नहीं होता।
सूखे दरख्तों पर परिंदों का बसेरा नहीं होता।
वक्त वह शय है जो बदल देता है सबकी हस्ती।
मुर्गा समझता है उसके बिना सवेरा नहीं होता।
हौसले से अक्सर बदल जाते हैं बुरे हालात भी।
जहां उजाला होता है वहां अंधेरा नहीं होता।

“खामोशी”

कभी बातों का जरिया है खामोशी।
कभी हालातो का दरिया है खामोशी।
कभी गैर वाजिब सवालों के दरमियां।
कई जवाबों का नजरिया है खामोशी।
जब बातों में हों बेशुमार गिले-शिकवे।
रिश्तों में वाजिब शुक्रिया है खामोशी।

“फिर मुस्कुराना हो जाए”

चलो नया कोई बहाना हो जाये।

आज फिर मुस्कुराना हो जाये।

बैठ यारों के संग भुला दे हर गम।

दो पल वही दौर पुराना हो जाये।

चंद कदम अपनों के साथ चलें।

चाहे गैर सारा जमाना हो जाये।

इस दर्द से वाकिफ तू भी, मैं भी।

छोड़ गिले, गले लगाना हो जाये।

चलो नया कोई बहाना हो जाये।

आज फिर मुस्कुराना हो जाये।

“जी चाहता है”

फिर आज प्यार जताने को जी चाहता है।
रूठ जाओ तुम्हें मनाने को जी चाहता है।
गुजरे जमाने न जाने वो यादें कहां खो गई।
फिर वही बातें दोहराने को जी चाहता है।
बड़ी दूर आ गये हैं साथ तुम्हारे मगर।
जहां से चले थे लौट जाने को जी चाहता है।
कल देख कर तुम्हें जो खयाल आया था।
गीत वही फिर गुनगुनाने को जी चाहता है।
ये दौर गमों के तो आते जाते ही रहेंगे।
आज फिर हंसने-हंसाने को जी चाहता है।
वक्त की लहरों में बह जाएंगे ये सारे नाम।
रेत पर लिखने-मिटाने को जी चाहता है।
जुदा नहीं तुमसे एक पल के लिये फिर।
क्यों और पास आने को जी चाहता है।
गले मिलकर कल जाने क्या बात हुई है।
हर बात पर गले लगाने को जी चाहता है।
फिर आज प्यार जताने को जी चाहता है।
रूठ जाओ तुम्हें मनाने को जी चाहता है।

“तुम्हीं हमारा प्यार प्रिये”

ये कहता हूं मैं हर बार प्रिये।

हो तुम्हीं हमारा प्यार प्रिये।

एक हंसी तुम्हारी है जीवन-पूंजी।

इस योगी का तुम घर-संसार प्रिये।

जीवन-संध्या में दीपक सी जलती हो।

आस बनी इन आंखों में पलती हो।

कभी चांदनी बन रोशन करती रातें।

कभी किरण बन सुबह निकलती हो।

मेरा होना तुमसे तुम्हीं मेरा आधार प्रिये।

ये कहता हूं मैं हर बार प्रिये।

हो तुम्हीं हमारा प्यार प्रिये।

रूप-रंग का दर्पण हो तुम।

मेरा प्रणय समर्पण हो तुम।

नीर-नयन से जब निर्झर बहते।

उस हृदय भाव का अर्पण हो तुम।

भ्रमर-भ्रमित हो जाये उपवन में।

तुम प्रेम-पुष्प का श्रृंगार प्रिये।

ये कहता हूं मैं हर बार प्रिये।

हो तुम्हीं हमारा प्यार प्रिये।

हर पल सांसों की हलचल तुमसे।
ये जीवन सरिता है चंचल तुमसे।
निशब्द-शब्द को अर्थ मिले हैं।
ये मूक-विहंग है विह्वल तुमसे।
एक अकिंचन का नेह-निमंत्रण।
तुम बनके श्रद्धा स्वीकार प्रिये।
ये कहता हूं मैं हर बार प्रिये।
हो तुम्हीं हमारा प्यार प्रिये।

आदि-अंत की अविरल धारा।
बनके साथी अडिक सहारा।
मैं जलधि लहर से डिगा नहीं जो।
इस केवट का तुम्हीं किनारा।
मेरी हर उलझन की सुलझन तुम।
मेरी हर पीड़ा की पुकार प्रिये।
ये कहता हूं मैं हर बार प्रिये।
हो तुम्हीं हमारा प्यार प्रिये।

मेरे शब्द-वर्ण-विन्यास तुम्हीं हो।
मेरे अर्थों का आभास तुम्हीं हो।
काल-कपाल की हर कठिनाई में।
बनके अधरों पर परिहास तुम्हीं हो।
कागज पर उतरी मेरी हर रचना का।
तुम शब्द-रस-अलंकार प्रिये।
ये कहता हूं मैं हर बार प्रिये।
हो तुम्हीं हमारा प्यार प्रिये।

हर मंजिल की डगर तुम्हीं हो।
मेरी शामों-शहर तुम्हीं हो।
ये जीवन है एक लंबा रस्ता।
इस रस्ते में हमसफर तुम्हीं हो।
मेरी आशा का हर अभिलाषा का।
तुम बन कर आये उपहार प्रिये।
ये कहता हूं मैं हर बार प्रिये।
हो तुम्हीं हमारा प्यार प्रिये।

बहती हो आंगन में पुरवाई सी।
कभी शाम सजे शहनाई सी।
आस मेरी हो, पास मेरे हो तुम।
रहती साथ सदा परछाई सी।
जीवनथाती हो बनकर साथी हो।
मेरी खुशियों का अंबार प्रिये।
ये कहता हूं मैं हर बार प्रिये।
हो तुम्हीं हमारा प्यार प्रिये।

बनकर होठों पर गीत तुम्हीं हो।
मेरी सांसों का संगीत तुम्हीं हो।
युगों-युगों से अमर बनी है जो।
उस प्रणय-प्रेम की रीत तुम्हीं हो।
उर के स्पंदन से नित उठती जो।
तुम उस वीणा की झंकार प्रिये।
ये कहता हूं मैं हर बार प्रिये।
हो तुम्हीं हमारा प्यार प्रिये।

मेरे जीवन प्रश्नों का हल तुम्हीं हो।
मेरा कल,आज और कल तुम्हीं हो।
आती-जाती सांसों में कितना बीता।
जो हमने जिया वो हर पल तुम्हीं हो।
बचपन की निश्छलता, यौवन की चंचलता।
तुम्हीं मेरे सपनों का साकार प्रिये।
ये कहता हूं मैं हर बार प्रिये।
हो तुम्हीं हमारा प्यार प्रिये।

"बात हो तो ऐसी हो"

तेरे दिल को चुभे न मेरे दिल को।
अब जो कोई बात हो तो ऐसी हो।
उठे कदम रुकें मंजिलों पे आकर।
सफर की शुरुआत हो तो ऐसी हो।
प्यास अधरों की जरा बाकी न रहे।
इस सावन बरसात हो तो ऐसी हो।
छलक पड़ें ये आंखें पाकर जिसे।
लाना कोई सौगात हो तो ऐसी हो।
न झुके सर कभी बेटी के बाप का।
बजे शहनाई बारात हो तो ऐसी हो।
हर आंगन में उतरे वो चांद आकर।
अब जिंदगी में रात हो तो ऐसी हो।

“जिंदगी सफर में है”

हम सवार जिस कश्ती में तूफां लिए।
कब से वो कश्ती समंदर में है।
निगाहों में सजाए वो तमाम ख्वाब।
मुसाफिर अभी तक डगर में है।
इमारत की बुलंदी बुनियाद से पूछो।
कितना कुछ दबा इस खंडहर में है।
पिंजड़े में बंद कर उड़ते परिंदों को।
लोग कहते हैं वो अपने घर में है।
पाकर जिसे कभी खोने का डर हो।
मजा तो उसे पाने की फिकर में है।
ये उम्र और इस उम्र में बहकते कदम।
दोष कदमों का नहीं उमर में है।
जा मेरी दुआएं तेरी हिफाजत करेंगी।
इतना तो असर इस साए-शजर में है।
भले मैं आज अपनी मंजिल पर नहीं।
मगर मेरी मंजिल मेरी नजर में है।
बातों ही बातों में बातों का क्या।
बात तो बस बातों के असर में है।
जिंदगी के सफर में यूं गुजरी तमाम उम्र।
लगता है जैसे ये जिंदगी सफर में है।

"प्रश्नों का उत्तर"

हम जाने किन प्रश्नों का उत्तर ढूंढ रहे थे।
तुमको पाकर भी तुमसे बेहतर ढूंढ रहे थे।
साथ तुम्हारा पाकर हमने पाई हर मंजिल।
बाकी क्या है पाना क्यों रहबर ढूंढ रहे थे।
हम पागल थे या कुछ तो पागलपन हममें।
पाकर खोया तुमको अब खोकर ढूंढ रहे थे।
एक अकेले हम ही नहीं अधूरे इस पथ पर।
सबने कुछ खोया था जो अक्सर ढूंढ रहे थे।
बसना और उजड़ना शायद नियति ही होगी।
तेरा जहां शहर बसा वहीं परिंदे घर ढूंढ रहे थे।

www.ingramcontent.com/pod-product-compliance
Lightning Source LLC
LaVergne TN
LVHW050856051026
849532LV00006BA/2279